岭南地志·村史（广东省和平县）

ZENGGONG CUNZHI
增公村志

陈振耀　黄金章　卢国祥◎编著

中山大学出版社
SUN YAT-SEN UNIVERSITY PRESS
·广州·

版权所有　翻印必究

图书在版编目（CIP）数据

增公村志/陈振耀，黄金章，卢国祥编著. —广州：中山大学出版社，2018.1
[岭南地志·村史（广东省和平县）]
ISBN 978 - 7 - 306 - 06260 - 4

Ⅰ. ①增… Ⅱ. ①陈… ②黄… ③卢… Ⅲ. ①村史—和平县 Ⅳ. ①K296.55

中国版本图书馆 CIP 数据核字（2017）第 309909 号

出 版 人：徐　劲
策划编辑：钟永源
责任编辑：钟永源
封面设计：曾　斌
责任校对：杨文泉
责任技编：何雅涛
出版发行：中山大学出版社
电　　话：编辑部 020 - 84110771，84113349，84111997，84110779
　　　　　发行部 020 - 84111998，84111981，84111160
地　　址：广州市新港西路 135 号
邮　　编：510275　　传　真：020 - 84036565
网　　址：http://www.zsup.com.cn　E-mail：zdcbs@mail.sysu.edu.cn
印 刷 者：广州家联印刷有限公司
规　　格：889mm×1230mm　1/32　5 印张　138 千字
版次印次：2018 年 1 月第 1 版　2018 年 1 月第 1 次印刷
定　　价：50.00 元

如发现本书因印装质量影响阅读，请与出版社发行部联系调换

《增公村志》编委会

主　任　黄金章
副主任　陈振耀　卢金荣　陈桂贤　卢桂达
委　员　卢林茂　黄平安　卢国祥　卢国建

《增公村志》财务小组

组　长　卢林茂
副组长　陈国栋　陈月发
成　员　陈金志　卢康定　黄金生　卢创明
　　　　陈胜春　陈仕彦

前　　言

　　本书定名为《增公村志》，似乎有牵强之感，因增公村地方面积小，只有9.5平方公里，是一个四面环山的小山村，人口为2000多人。笔者知其甚少，虽生在增公，少年时便离乡背井到汤湖坝"大同一小"读书，中学阶段远走县城就读，对家乡的了解甚为浅薄，尤其是从明清到民国的几百年历史，脑子里对此更是一片空白。目前，既无文史资料可查，又无知情老人可询，所以，本书与一部资料齐全的地方志有很大差距。"麻雀虽小，五脏俱全"，增公乃属和平县上陵镇辖的一个村委会建置。编著者反复研究，确定用《增公村志》书名。期望本志能成为引玉之砖。

　　在2016年国庆节期间，我的老师（表叔）黄金章同志回乡探亲，巧遇本村原党支部书记卢国祥同志，谈及编写增公村志之事，国祥还做了具体安排。章叔回穗后与我通了电话。我们三人都有一致看法：完成这件事很有意义，如果我们这一代七八十岁的人不花点时间与精力将其写出来，以后就更难完成了；但难度很大，其涉及的面太广，上至天文，下至地理，大至村民的衣食住行，小到草蜢蚊子。国祥的原意是他花两三年的时间写出初稿给我们俩过目修改，因此，我拟了一份编写提纲给他。国祥感到有难处，认为自己只有初中文化水平，又缺乏写作经验。我经再三考虑，向国祥提出我来执笔写作，所需相关资料由他提供，我争取在半年内写出初稿。自2016年10月下旬开始，我每天写作5小时，连续写了三个半月。春节那几天，格外安静，我在办公室里工作效率更高，终于在正月初十基本完稿。当然，初稿离出版要求还有一段距离，待国祥将资料收集后交我再做补充修改，然后，由章叔修改审定。

《增公村志》由陈振耀执笔，黄金章修改审定，卢国祥提供主要相关资料，三人通力协作完成，当然，背后还有一大批支持者的帮助。因历史原因，中华人民共和国成立前几百年的相关资料欠缺，中华人民共和国成立后半个多世纪以来本村（乡、大队）的基础资料也不够完善，因此，《增公村志》的编写就有"无米之炊"之困。从历史的角度看，《增公村志》谈不上资料完整。编写者认为，有些不清楚的历史问题，宁缺毋滥，以免贻误后人。不足之处，恳请县和镇相关部门领导、广大村民和读者批评指正。

2017年3月25日，本志编著者3人在中山大学举行了一次碰头会，对《增公村志》的编写事宜进行了较深入的讨论。

2017年5月中旬，我们曾将《增公村志》第一稿印发给增公籍相关同志，包括县委原常委卢金荣，县林业局原副局长陈桂贤，增公小学原校长陈颖林、陈月发，县政府退休办干部陈胜春，上陵镇原镇干部卢伟俊和省地质局高级工程师黄平安，恳请修改补充。依据反馈意见，于7月上旬写出第二稿。7月13～16日，章叔、平安和我回乡，再次征集各方意见。

7月14日上午，在增公村委会由村党支部书记、村委会主任卢桂达同志召集"二委"（党支部委员和村民委员会委员）、老干部及各村代表出席的有关《增公村志》定稿会，对第二稿进行了审议。同时，对村志的出版费进行了认真讨论，并成立了《增公村志》财务小组，负责筹集出版费。出席定稿会的有卢桂达、陈原泽、王俊达、欧阳永兰、王东水、王胜桥、陈颖林、陈丙南、陈章练、黄金生、黄增环、卢增胜、黄锦松、陈仕彦、卢运兴、卢国祥以及黄金章、黄平安、陈振耀等19人。

7月16日上午，在和平县城由县委原常委卢金荣同志召集驻县城的增公籍退休和在职干部举行有关《增公村志》定稿会，与会者有卢金荣、陈金志、卢创明、陈国栋、卢林茂、卢国煌、卢洪迈、卢国祥、卢胜春、陈胜春、黄增浓、陈月发、陈国民以及黄金章、黄佛清、黄平安、陈振耀等17人。与会者对村志编写的前期工作给予肯定，并勉励编著者继续努力，完成编写出版工作，为增公村做好这件有益的事。

2017年12月19日，编著者和黄平安在中山大学再次举行碰头会，对《增公村志》第三校清样进行了最终的审校，并对出版费筹集情况进行了交流。

编著者感谢两次有关《增公村志》定稿与会者

的热情勉励，并善始善终，努力把编写出版工作完成。

在本志编写过程中，中山大学中文系傅雨贤教授提供有关资料；黄平安高级工程师曾两次专程回乡拍摄相关照片，尤其在8月中旬，他与和平县精神病医院院长卢林茂医生及卢创明校长翻山越岭，走遍了各个村落，拍摄了许多有历史意义的照片；中山大学生命科学学院林碧欣老师打印文稿；中山大学出版社相关同志鼎力支持，谨一并致谢。

本书插图和图版所用照片除署名外，均为黄平安高级工程师2017年拍摄。

另外，本书责任编辑钟永源老师说，为保留本村志涉及客家本土的方言与习俗记载和表述的原汁原味，而出现一些古体字、异体字、自造字的词汇及称谓，对出版物的规范用字有小小不足，敬请读者原谅。

陈振耀

2017年12月20日

目　　录

- 一、村名溯源 ································· 1
- 二、位置、面积和建置沿革 ············· 5
- 三、自然环境 ································· 10
  - （一）地貌与地质 ····················· 10
  - （二）河流 ······························· 12
  - （三）气象 ······························· 14
  - （四）土壤植被 ························ 14
  - （五）自然灾害 ························ 19
- 四、村民与村落 ····························· 25
  - （一）人口与民风 ····················· 25
  - （二）村落与姓氏 ····················· 31
  - （三）危害村民的重要传染病 ···· 40
  - （四）人祸 ······························· 41
- 五、农业 ······································· 44
  - （一）中华人民共和国成立前的概况 ············ 44
  - （二）中华人民共和国成立后的概况 ············ 45
  - （三）农作物品种 ····················· 47
  - （四）农作物的病虫害及其防治 ···· 51
  - （五）畜禽饲养 ························ 51
  - （六）农具 ······························· 53

六、林业	55
七、手工业	60
（一）土纸制造业	60
（二）土法榨油	69
（三）竹器编织	72
八、交通	73
九、电力、水力与邮电	77
十、教育与文化	79
（一）教育	79
（二）文化	85
十一、方言与习俗	86
（一）方言	86
（二）习俗	107
参考文献	110
后记	111

一、村名溯源

在400多年前，明朝万历年间（1573—1620）有一位名为曾弓的男士首先来到增公，落基水口自然村赤竹坳园背。此处在20世纪20年代由卢卫珍开垦菜园种菜，1960年人民公社体制下放时，此地已树木成林，杂草丛生，社员陈庚兰再度垦殖种番薯，至今仍为其子孙耕种。目前，在原增公小学的大沙学校背的曾弓墓地尚完好。在水口陈屋沙龙有一座社爷，又称曾公老人，是为纪念入山开辟增公坑鼻祖曾弓而建的。后人依据本村的地貌地形特征，为纪念他，将本村命名为"曾公坑"。中华人民共和国成立初期，时任曾公乡长的卢桂福认为，曾弓独自一人，是无后代的孤寡老人，将本村地名命名为"曾公坑"不太适宜，于是将原来人名化的村名"曾公"改为地名化的"增公"。经查，民国时期"和平县全图"所标示，增公村的地名是"曾公坑"。而1990年《广东省县图集》采用"增公坑"，1995年的"和平县政区图"也采用"增公"。可见，增公村村名的"增"字确实由"曾"演变而来（图1-1、图1-2、图1-3）。

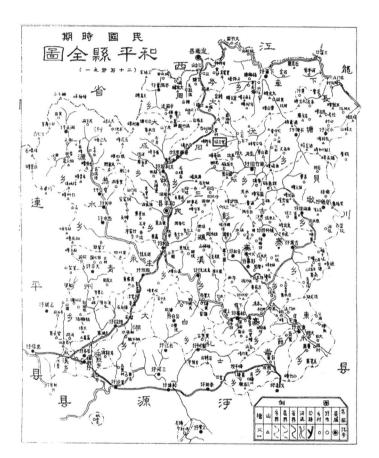

图 1-1 民国时期和平县全图（据《和平县志》，1999）

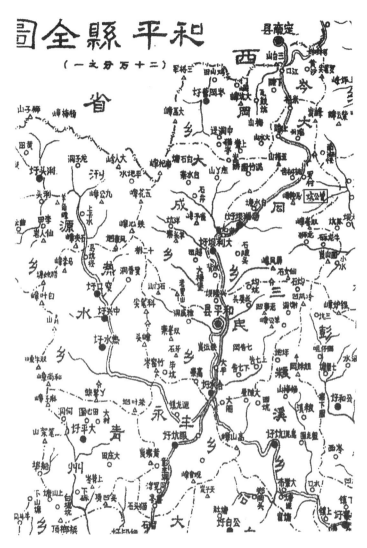

图1-2 民国时期和平县全图（局部，据《和平县志》，1999）

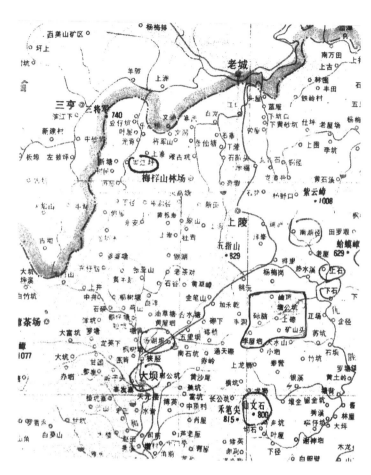

图1-3 广东省图集，和平县（局部，据《广东省县图集》，1990）

二、位置、面积和建置沿革

增公村位于和平县的东北部，隶属上陵镇，在镇政府南部（图2-1）。本村西北部与本镇的桃源、杨梅岗相连，东邻优胜镇的下石，东南为优胜镇的苏坑和大水山，南与大坝镇的小峒为邻，西与大垻镇的丰洞、通天磜接壤（图3-3）。

增公村面积9.5平方公里。据上陵区1986年资料，增公村耕地690亩，其中水田570亩。

在民国时期的1941年至1949年6月，和平县曾公坑归属大同乡，当时实行保甲建置。中华人民共和国成立后由附城区大同乡管辖，同时废除保甲建置。1957年12月撤区并乡，增公并入附城乡。1958年10月，撤乡成立人民公社，实行政社合一的建置，本村归属东山人民公社管辖，为增公生产大队。1960年东山人民公社分为附城、大坝、合水、城镇及桃源（1960年冬改上陵）等5个人民公社，增公为上陵公社的一个大队。1983年实行区乡建置，本村由大队改为乡。1987年至今，撤区改乡（镇）下设村民委员会建置，增公为上陵镇增公村民委员会（图版Ⅲ，2）。增公村于1956年9月成立党支部，党员只有陈胜中、黄桂森、陈金铭等3人，党支部书记黄宪章是大坝人，由上级委派。中华人民共和国成立后本村历届党支部书记、村（乡、大队）村委会主任及村干部，见表2-1。

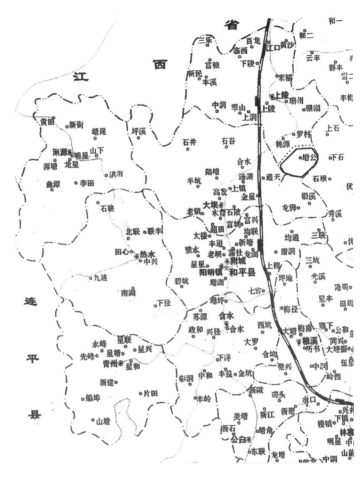

图2-1 和平县政区图（局部，据《和平县志》，1995）

表2－1 中华人民共和国成立后建置变更和历届党支部书记及
村（乡、大队）干部名录（编著者，2017年）

年份	建置名称	党支部书记	村（乡、大队）委会主任	其他干部
1949	—	—	村长陈胜发	副村长黄月成
1950—1952	和平县第一区曾公乡农民协会	—	主席陈丙胜	会长袁坤济
1953—1957	和平县第一区增公乡人民政府	黄宪章（1956）	乡长卢桂福	文书卢桂浓（先）、卢运兴（后）
1957—1958	和平县附城乡增公民兵营	黄宪章（先）叶梧祯（后）	卢桂福	文书卢运兴
1959	和平县东山人民公社龙狮管理区	朱水扬	卢桂福	副支书陈文钦、周根，文书卢运兴，民兵队长黄李春
1960	和平县东山公社增公大队	陈文钦	卢焕新	文书卢运兴
1961	和平县东山公社上磜大队	陈胜中	陈佛健	文书王胜桥，会计李房新
1961	和平县东山公社增公大队	卢桂福	卢焕新	文书黄胜强，会计卢运兴
1962—1963	和平县东山公社增公大队	陈文钦	卢焕新	文书卢运兴
1964—1966	和平县上陵人民公社增公大队	陈佛健	卢焕新	副书记黄金昌，民政王金声，民兵营长袁相庆，治保主任卢国祥

续表2-1

年份	建置名称	党支部书记	村（乡、大队）委会主任	其他干部
1967—1972	和平县上陵人民公社增公大队	黄云海	卢焕新	民政王金声，民兵营长袁相庆，治保主任卢国祥
1973—1983	和平县上陵人民公社增公大队	卢国祥	卢焕新	副支书卢春桂、卢伟俊，民政袁相庆，民兵营长陈章练、黄金生，妇女主任叶观英
1984—1985	和平县上陵镇增公管理区	黄金昌	袁相庆	陈金鈲、王德金
1986—1987	和平县上陵镇增公管理区	卢立志	陈金鈲	黄高品、黄丰彩
1987—1995	和平县上陵镇增公管理区	黄菊香	陈金鈲	黄丰彩、黄高品、卢相耿
1995—1999	和平县上陵镇增公管理区	黄金生	陈金鈲	袁优青、卢相耿、黄丰彩
1999—2001	和平县上陵镇增公第一届村民委员会	黄金生	主任袁优青	委员：袁叶杏、陈佰全、朱春梅、卢国祥
2002—2004	和平县上陵镇增公第二届村民委员会	卢国祥	主任袁叶杏	委员：朱春梅、陈佰全、袁优青
2005—2007	和平县上陵镇增公第三届村民委员会	黄金生	主任卢桂达	委员：朱春梅、陈佰全

续表 2-1

年份	建置名称	党支部书记	村（乡、大队）委会主任	其他干部
2008—2010	和平县上陵镇增公第四届村民委员会	陈尧溪	主任卢桂达	委员：陈佰全、陈原泽、黄松柏
2011—2013	和平县上陵镇增公第五届村民委员会	陈尧溪	主任陈河军	委员：朱春梅、王树桥、袁叶杏
2014—2016	和平县上陵镇增公第六届村民委员会	—	主任陈原泽	委员：黄金生、王俊达、袁雪平
2017—2019	和平县上陵镇增公第七届村民委员会	卢桂达（兼主任）	副主任陈原泽	委员：王俊达、欧阳永兰

三、自然环境

（一）地貌与地质

增公村隶属和平县上陵镇，位于和平县的东北部，属南岭九连山脉，是典型的山区。本村地貌形态属中起伏低山地貌。地形切割较强烈，形成多条分叉的长坑，故称"增公坑"。整个村分成五个自然村，其中山尾和水口又分成几个小村落，有的在山上，甚至是零家独屋。本村中轴线由西南向东北走低，略呈峡谷状。境内自西南向东北走向的河流，在本志称之为"增公河"。田块较大且较肥沃的稻田主要集中在河的两侧。本村以梯田为多，远离河流的稻田紧连着山（图3–1）。

本村群山环绕（图3–2），西南方海拔863米的纸湖嶂和正南方的石寨，分别成为与大坝镇的通天磜及小甽的天然分界线。东南方有海拔680米的禾笔尖，是与优胜镇的大水山、苏坑的分水岭。在村内的北面有海拔769米的蛤蟆嶂（蛤蟆石），向东北望去，近处是本村的嶂顶水勿和大埂，远方是本镇的桃源。

本村的地质，从出露地层看，大致以增公河为界，其东侧以下古生界的长石英砂岩夹页岩为主，其西边以燕山期中粗粒斑状花岗岩为主。

三、自然环境

图 3-1　稻田与山紧相连

图 3-2　群山环抱的增公村

（二）河流

增公的河流为东江源头之一。根据广东省地图出版社 1990 年出版的《广东省县图集》和广东省地图出版社 1997 年出版的《广东省地图册》，增公河源头在村内的磜脑与大坝的丰洞之间。在增公村内的河流大致自西南向东北走向。

在上半村主要有 3 条支流，干流源头由山尾的磜脑流经上磜的磜里，往下流至桃坝，与西部坑里流来的第一支流汇合后，流经社前屋屋脚下，再流到猎神拱桥，与源自大垇、腊竹塘、石寨下，经龙尾的第二支流汇合，再往下流，在豆地坑口与来自矿山头和高山的第三支流汇合流入下半村。

在下半村，地朗头、中心塅河段和水头河段没有大的支流，只有坑沥。

陈屋赤竹垇河段，由大塅、水勿支流，经榕树下，汇入本河塅后流向下拱桥（图 3–3）。

增公河流经水口下拱桥，在群山环抱的水径（地名）中再往下流，在新桥头告别增公进入优胜镇的下石河段，最终汇入东江。

跨增公河的 3 座石拱桥是村民进出南、北山门的重要通道，也是村民耕作和探亲访友的要道。第一座位于上磜猎神，因公路桥从其旁边通过，此桥已无人行走，草木丛生。第二座在原增公小学（大沙）前，是连接水头与水口两个自然村的通道。第三座位于水口与水径的交界处。3座石拱桥跨度20～30米,均由花岗岩石条筑成。位于水口村的下拱桥建于雍正十三年,属古建筑(图版XV)。其余两座建筑时间不详,无疑也属古建筑。增公河源在群山中,流经各个自然村后,在水径,又在群山中告别增公(图3-4)。

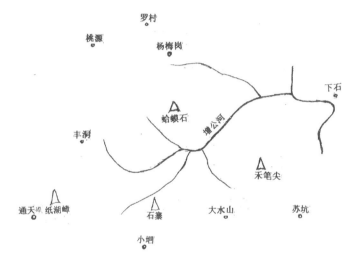

图3-3　增公村河流主要山峰与邻近乡村示意(编著者,2017)

增公河及其支流在村民的生产、生活中有着极其重要的作用,耕地的用水来自增公河;村民的生活用水,包括饮用水也取自增公河;水碓、油研的水车也靠增公河水力推动;在公路开通之前,杉木的运送也有赖增公河水力的帮忙。数百年来,增公河是村民心目中的"母亲河"。在1958年前,河里鱼虾资源很丰富。

图3-4 增公河
1. 穿越在山间的增公河；2. 河中的水利设施

（三）气象

增公村地处北回归线以北，属中亚热带季风气候，湿润温和，雨量充沛，夏无酷暑，冬季霜期和严寒时间较短。年平均温度18～20℃，气候宜人。

（四）土壤植被

在增公，从山上竹木长势茂盛、常年绿树成荫、郁郁葱葱的生态景观看，土壤比较肥沃。成片的苗竹（毛竹）林（图3-5），俗称竹山，触目皆是，为本村主要林相特征。还有杉树、松树（马尾松）（图3-6）、油茶（白花油茶）（图3-7）和俗称铁树的木油木油桐及俗称糠桐的油桐的两种油桐（图3-8），也是重要的经济树种。在本村，这些树种只有油茶和杉树才小片成林。成片的杉木林俗称杉树山，成片的油茶林俗称茶头。在增公，没有真正的纯林，这是各个物种和谐相处所造就的优良森林生态环境，是"纯自然"的。在竹山、杉树山及茶油山都散生了一些其他树种，常见的有椎树（属壳斗科，有几种）、细叶樟（樟树）、大叶樟（檫树）、枫树（三角枫，枫香）、荷树、杨梅、不知春（南岭黄檀）、将军树（桂木）、凿角树（凿树，椤木石楠）、桔纽树（拐枣，枳椇）、山糖梨（豆梨）、蝉梨（山楂）、山荔枝（尖叶四照花）（图3-9）等。在山间除了毛竹和乔木外，还有许多低矮的植物，如芒萁、丝茅（茅草）、蕨、地毯等覆盖表土，这是第一层。第二层为灌木，常见的有毛地（毛冬青）、山苍子、金樱子、长命枫（大青）、布荆、沙荆、火斋（乌饭树）、秤砣（小叶石楠）、酸冻茎（虎杖）、黄果（黄枝子）、田螺丕（檵木）、算盘子等。

　　本村产的竹子有两大类，即散生竹和丛生竹。本地的散生竹主要为毛竹，是具有重要经济价值的竹种。毛竹长笋有大小年之分，如今年大年高产，则明年小年低产。还有一些经济价值不高的竹种，如苦竹、赤竹、四方竹等。丛生竹以其用途而言，可分为两类，一类为取竹笋食用的泥竹和麻竹，另一类为取竹材破篾用的黄竹。散生竹其笋于春天，清明前后出土，五月下旬开叶，长成竹材，散生在山间。丛生竹其笋于七八月出土，成丛生长在一起。

　　增公的山普遍由高大的乔木或竹、低矮的灌木和铺地的草本植物覆盖得严严实实，处处都是绿色的生态景观。我们坚信,本村的森林覆盖率会高于本县的平均水平。

绿山有好水。正如黄金章同志的《山村美景》诗词所描述:"增公水绿山青秀,遍地竹林碧翠幽。"绿色山林有利于水土保持、涵养,是一座无形水库,对于防止发生洪涝、旱灾害有重要作用。

森林是野生动物的栖息地和繁育地,保护好森林有利于物种的多样性。

本村的稻田,土质属潴育型水稻土,上半村山坑田多,梯田多,产量也较低,不少是只能种一造"八月白"的八月白田。在山尾和上礤,几乎每户都有山坑田,或湖洋田。在山坑深处的稻田,由于日照时间短、水冷、离村落远、疏于管理、野猪为害等因素,时而失收。目前,大多已被弃耕,竹木成林,恢复原生态了。下半村多数田块较大,土层较厚,比较肥沃,产量也较高。

1

2

图3-5 毛竹(廖文波,2016)
1. 毛竹与竹笋;2. 毛竹林

图3-6 杉(1～2)和马尾松(3～4)
(廖文波,2016)
1.树干;2.3.4.花、枝

图3-7 油茶的花枝（廖文波，2016）

图3-8 木油桐（1～2）和油桐（3～4）
（廖文波，2016）
1.3. 花；2.4. 果

图3-9 尖叶四照花(山荔枝)(廖文波,2016)

(五) 自然灾害

在增公村,每年可能发生的自然灾害有:

雪灾。以往每隔几年都有一次比较严重的雪灾。近几十年随着全球气候变暖,较严重的雪灾越来越少了。由于降雪、结冰,连续低温,除了造成山间竹林严重受损外,还会冻死耕牛,甚至威胁村民的健康,尤其老人。在旧社会,饥寒交迫,不少老人死于寒冬。2008年春节前那场雪灾对增公的竹林造成了严重伤害,损失惨重。

倒春寒。早春,3月,在春耕时节,常遇到倒春寒,气温连续3天以上低于12℃,对于水稻的秧苗将造成冻害。这也是高寒山区常遇到的早春天气。倒春寒是早造水稻生长早期的灾害性天气。

寒露风。在寒露时节正值晚造水稻抽穗扬花,此时,吹北风,气温低于12℃,超过3天,对于水稻的授粉结实十分有害。寒露风是晚造水稻生长晚期的灾害性天气,严重影响晚造产量。古语说:"禾怕寒露风，人怕老来穷。"

旱灾。在旧社会，严重的旱灾也有所闻，据我们所知，因天旱造成用水困难、农作物颗粒不收的灾情还未发生过。

水灾。纵贯增公村的河流属小河，每当雨季大雨暴发造成山洪暴发时有发生，还没有听说过因水灾而直接造成人员伤亡的灾情。1964年6月，暴雨成灾，发生局部地段山崩地裂造成了一定损失，幸好未发生人员伤亡。

火灾。都是用火不当造成，属人为因素，非自然灾害。火灾对山林将造成毁灭性的损失。秋冬季节进山必须小心用火。

虎害。中华人民共和国成立前老虎（华南虎）（图3-10）时常在本村出现，并有伤害人畜的史实。在下半村，1916年农历十二月一天的清晨，榕树下陈亚含（女）去纸棚厦取柴时，藏在焙笼间里的老虎听到搬柴声飞速逃离，她目睹这个情况也吓了一大跳。水头一农夫家里饲养的一头约100斤的大猪，老虎从1.5米高的围墙跳进去，咬住生猪又跳出围墙逃窜。中华人民共和国成立初的1951年，水头湖洋几家人的耕牛在张五垱（地名），一天被老虎咬死6头，只有1头大牛牯（公牛）未被害，逃回来。据父辈老人说，在上磜麻竹坑的坑肚地，老虎咬死一上山捡柴的妇女，在小块找到其余骨。在中华人民共和国成立初，也在上磜庵垠，在割早禾的时候，社前屋陈文化的耕牛被老虎咬死，并被吃了一大半。中华人民共和国成立后不久就再也见不到老虎的行踪了。华南虎是濒危物种，国家已立法保护，严禁捕杀。

图 3-10　华南虎（盛和林等，1999）

蛇害。在夏秋季节，本村时而发生村民被毒蛇咬伤的事故。其中最常见的是饭勺头（烙铁头）入屋，藏在洗身间、壁角等暗处，如不小心踩着它，必遭其害，被咬伤后肿痛难受，要治疗一段时间始能康复。此外，竹叶青（青竹蛇）、眼镜蛇也是常见毒蛇（图 3-11）。

1952 年清明时节，水头三个村民在水径增公与下石交界处新桥头捕获一条近百斤重的冬眠刚苏醒的大南蛇（蟒蛇，无毒）。蟒蛇（图 3-12）今为保护物种，国家已立法保护，严禁捕杀。

图 3-11 两种毒蛇（王英永提供，2017）
1. 烙铁头；2. 眼镜蛇

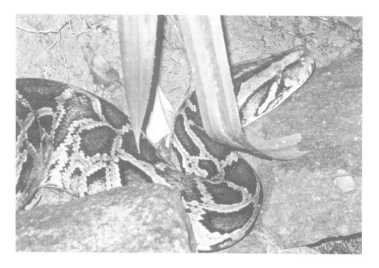

图 3-12 蟒蛇（南蛇）（王英永提供，2017）

野猪（山猪）（图 3-13）。在本村，山猪为害农作物习以为常，除为害水稻、番薯等粮食作物外，还为害花生及山间竹笋。在我童年的一年秋天，在枫树墩放牛时曾目睹 12 头成年山猪成群结队在山上"招摇过市"。

图 3-13 山猪（盛和林等，1999）

豺狗（豺）（图 3-14）。一种与家狗大小相似的似狼非狼、似狗非狗的野兽，成群活动，性贪暴，专袭击耕牛，有的从牛的前面挖牛的眼睛，有的在牛的后面挖牛的肛门，把肠拖出来，致死。豺狗是耕牛的大敌。在中华人民共和国成立前至中华人民共和国成立初期，增公不少农户的耕牛深受其害。我在童年时，在双坑蛤蟆石放牛，我家一头未生牛仔的母牛（牛趣）被豺狗咬死。

图3-14 豺（盛和林等，1999）

四、村民与村落

（一）人口与民风

中华人民共和国成立之初，增公村人口只有181户、740人（卢运兴提供，2017）。据1966年12月统计，增公人口为950人（卢国祥提供，2017）。在以后的几次人口普查中，人口不断地增长。据1986年10月上陵区公所资料，增公乡住有1461人。估计目前增公村有近400户、2000余人。

增公坑先后由外地迁移入村的村民现有7个姓氏，居住在各个村落里。在山尾，现为袁姓和曾姓居住称"李屋圳"的地方，在该地不远处原有一栋李姓人落基居住的房屋，很久以前已人去楼空，房屋早也崩塌，连屋基模糊不清了。推测，因李姓比袁姓和曾姓先落基此地，始得"李屋圳"之地名。另外，在磜脑附近有一称"张屋"的地方。据老年村民说，"张屋"有一栋房屋和一间简易的纸棚，是张姓来增公的落基之地，在中华人民共和国成立前已迁走，房屋已倒塌。李、张两姓从何处迁来，在此处居住多久，后来又迁往何处，现村中无人知晓。因此，曾先后在增公坑落基住过的有9个姓氏。由于本村四周环山，居住环境背靠大山，面对高山，开门见山，出门爬山，与临近乡村被大山隔绝。因此，本村各村落间不同姓氏间通婚十分普遍，不少人家姨妈姑爷都在本村，乡情亲情交融在一起，血浓于水，世世代代和睦相处。自古以来，一代一代都受到优良的家教和村风的熏陶，造就了增公人勤劳、节俭、纯朴、厚道、与人为善、乐于助人的民风。在抗日战争后期，1945年上半年，日寇入侵和平县风声紧，当时在近公路的大坝一带不少民众扶老携幼举家来到增公坑投靠亲友。本村各村落的村民都非常乐意地接待了来避难的亲朋，尽最大能力安排他们食宿。日寇投降后，他们才安然返回家乡，离别时他们无限感激。在解放战争期间，和平地区游击队活动十分活跃，增公坑经常有游击队伍过境，矿山头村民就接待过成百名的游击队员，留他们食宿。正如黄金章同志的诗词所云，"俭朴村民勤种地，人心憨厚性温柔"。祈愿此风随着国家的发展、社会的进步发扬光大。

中华人民共和国成立后，增公村不少有志青年为"保家卫国"，先后共有31人曾光荣参加中国人民解放军或武警、公安部队（表4-1）。他们为了国家的安全、人民的安居乐业，贡献了自己宝贵青春。矿山头卢金昌，在中华人民共和国成立前夕被国民党抓壮丁，当了国民党兵，其所在部队被共产党打败、投降，他调转枪口，对准国民党兵，被收编为中国人民解放军的一名战士。后来，他又参加抗美援朝，伤残后回国，成为"荣军"，享受人民政府的离退休干部待遇生活津贴至去世。值得一提的是，后来他的儿子卢胜发及孙子卢文显都先后光荣地参加了中国人民解放军，祖孙三代为国家的安全、人民的幸福，做出了无私贡献。中华人民共和国成立初期，本村第一批光荣参加中国人民解放军志愿兵的有矿山头卢锦城和石寨下袁胜锦。当时，乡干部和广大村民集会欢送他们入伍的场面非常热烈、感人，锣鼓喧天。乡长卢桂福为他们俩戴上大红花，"一人参军，全家光荣"。1976年地朗黄佛清和水头卢文晋光荣参加中国人民解放军，他们俩都参加过对越自卫反击战，他们双双荣立个人三等功。他们为增公争了光，增公村民铭记他们的功绩。

表4-1 本村青年参加中国人民解放军或武警、公安部队名录（编著者，2017）

自然村	名　录
山尾	卢金昌（矿山头，中华人民共和国成立前夕）、卢锦城（矿山头，1957）、袁胜锦（石寨下，1957）、袁桂荣（李屋凹，2000—2006）、卢胜发（矿山头，1976—1980）、卢文显（矿山头，2006年至今）
上磜	陈紫全（社前屋，60年代）、陈长青（石垠，1979—1981）、陈章练（社前屋，1969—1971）、王德金（王屋老屋，1980—1983）、王日晴（王屋新屋，1983—1986）、陈立志（麻竹坑，20世纪80年代）、陈良拔（桃坝）
地朗	黄佛清（地朗，1976—1993）、黄桂祥（地朗，1990—1995）、黄国雄（地朗，2008—2010）、黄韶平（地朗，2009—2013）、陈火林（中心墩，20世纪60年代）、黄丙勋（地朗）
水头	卢文晋（水头，1976—1981）、卢春桂（水头，1966—1969）、卢伟祥（水头，1969—1971）、卢立志（水头）、卢东升（水头）、卢军跃（水头）

续表4-1

自然村	名　　录
水口	陈金章（陈屋，1969—1973）、卢金佛（水勿，1973—1977）、陈佛清（陈屋，1981—1983）、陈国栋（陈屋，1990—1997）、陈仕庆（陈屋）、卢汉伟（榕树下，1979—1982）

中华人民共和国成立后，本村许多青年在党的教育和培养下，成为国家的干部和技术人才。十年树木，百年树人，小小的增公村人才辈出，他们任职于各行各业（表4-2），勤勤恳恳地为人民服务，为国家的社会主义建设做出贡献，其中有的为国家工作一辈子，已退休；甚至有少数已驾鹤西去；还有一大批中青年干部正在工作岗位上，努力奋进。他们为增公村增添了光彩，增公村民感谢他们。

表4-2　增公籍人士服务于国家行政和事业单位干部名录
（编著者，2017）

自然村	名　　录
山尾	卢金昌（军人）、陈文钦（商业）、卢林茂（医务）、卢嫚娜（女，医务）、卢挺（教师）、卢日成（教师）、卢进才（教师）、卢金响（刑警）、陈金智（教师）、卢伟俊（行政）
上磜	陈玉田（商业）、王树浓（行政）、陈振耀（教师）、陈颖林（教师）、陈佰全（教师）、陈月发（教师）、王日晴（教师）、陈志明（商业）、陈长青（商业）、陈丙南（商业）、陈可（行政）、陈慧媚（女，教师）、张美燕（女，教师）、陈计算（女，教师）、王佳池（供电）、陈诺（女，医务）、陈慧（女，金融）

续表4-2

自然村	名录
地朗	黄金章（行政）、黄胜强（教师）、陈胜春（行政）、黄佛清（行政）、黄增浓（教师）、黄日云（医务）、黄平安（技术）、黄国雄（行政）、黄文响（行政）、黄烂漫（女，医务）、黄正品（教师）、黄贵品（供电）
水头	卢华荫（农业技术）、卢华恩（金融）、卢华田（教师）、卢迪生（商业）、卢翠燕（女，商业）、卢金翠（女，医务）、卢瑞初（行政）、卢金荣（行政）、卢锦明（教师）、卢锦清（商业）、卢佰森（教师）、卢洪迈（教师）、卢洪都（教师）、卢国建（教师）、卢伟章（供电）、卢伟祥（林业）、卢海文（技术）、卢南群（水电）、陈少花（女，供电）、卢海棠（教师）、黄英（女，教师）、黄慧媚（女，教师）、卢新高（教师）、徐焕琴（女，水利）、卢小玲（女，行政）、卢胜春（医务）、卢卓斌（女，政法）、卢卓刚（行政）、卢斐翠（女，医务）
水口	陈立德（教师）、陈桂贤（行政）、陈小莉（女，教师）、陈蓓蓓（女，行政）、陈金章（行政）、黄月凤（女，行政）、陈国栋（行政）、陈国民（教师）、卢创明（教师）

中华人民共和国成立后，党和政府高度关心人民群众的健康，在农村中建立医疗站（图4-1），先后推行"保健员""赤脚医生""乡村医生""接生员"（表4-3）等医疗制度，农民的疾病能得到及时医治，除了培养本村兼职的医务人员，上陵镇政府还曾两度派专职医生驻村为村民治病。多年来，他们为增公村民的健康付出艰辛劳动，谢谢他们。

图4-1 新(1)旧(2)卫生站

表4-3 本村医务工作者名录(编著者,2017)

姓名\项目	性别	籍贯	职务	服务年份	备注
陈岸光	男	地朗 中心塅	保健员	1952—1963	
卢桂秋	男	水头	保健员	1958—1960	
叶明星	男	上陵 瑞州	医生	1958—1960	上陵镇卫生院派来驻队医生
卢德金	男	水口 水勿	赤脚医生	1958—1971	
黄锦常	男	上陵	医生	1971—1975	上陵镇卫生院派来驻队医生
卢运兴	男	水口 榕树下	赤脚医生	1972—1975	
黄日云	男	地朗	赤脚医生	1972—1975	
陈水翠	女	水口 陈屋	赤脚医生	1972—1975	
卢国煌	男	水口 榕树下	赤脚医生	1975—1976	
卢国志	男	水口 榕树下	乡村医生	1976—2012	
卢国栋	男	水头	乡村医生	2012年至今	
黄亚娇	女	水口 水勿	接生员	1952—1957	中华人民共和国成立后本村第一位接生员
朱神妹	女	水头 石碓	接生员	1954—1960	
卢云新	女	地朗 中心塅	接生员	1957—1994	

（二）村落与姓氏

增公坑自西南向东北5个自然村中的村落及各姓氏落居情况如下（表4-4、图4-2）：

表4-4 各村落姓氏分布（2017）

姓氏与堂名 村落自然村	卢 范阳堂	陈 颖川堂	黄 江夏堂	王 三槐堂	袁 汝南堂	吴 渤海堂	曾 鲁郡堂
山尾	矿山头 大塅	腊竹塘	大塅 磜脑		石寨下 李屋坜		李屋坜
上磜		上磜 石垠		王屋			
地朗		中心塅	地朗				
水头	水头		石堆				
水口	搭树下 上寨 水勿嶂顶	陈屋 赤竹坜				大塅	

山尾：矿山头（卢姓）、石寨下（袁姓）、腊竹塘（陈姓）、大塅（黄姓与卢姓）、李屋坜（袁姓与曾姓）、磜脑（黄姓）。

上磜：麻竹坑、塅、桃坝、龙裕屋、社前屋及石垠（陈姓）、王屋（老屋与新屋，王姓）

地朗：地朗头（黄姓）、中心塅（陈姓）。

水头：水头（卢姓）、石堆（黄姓）。

水口：陈屋及赤竹坳（陈姓）、榕树下、上寨、水勿、嶂顶（卢姓）、大塅（吴姓）。

鉴于客家的居住文化，自古以来，同姓同宗的几户，甚至几十户同居住在泥砖瓦房的大屋中。近二三十年间，村民的居住条件大有改善，单门独户的钢筋水泥小洋楼触目皆是。

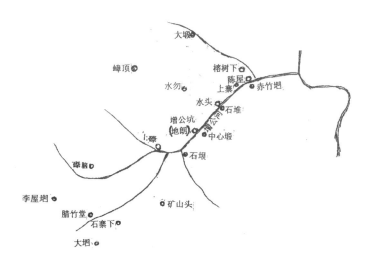

图4-2　增公村村落分布示意（编著者，2017）

全村5个自然村，19个村民小组。卢姓居住的矿山头，原有老屋和新屋，共计有36户。2007年劈山建设别墅式的新村，2008年基本建成，每户1～2座。这是增公至今唯一建了新村的村落（图4-3）。新村的筹划与建设，时任村委会主任的卢桂达同志起了主要作用。大塅原有两姓，但人数不多，黄姓在西南，卢姓在东北。20世纪70年代，卢姓房屋已崩毁，已无人居住。李屋圳主要是袁姓居住，曾姓原只有1户。磜脑原为两兄弟居住，现只有1户，嶂顶现有6户居住。一方水土养一方人。

图4-3 矿山头新村（卢嫚娜提供，2017）

增公村民的居住条件20多年来发生了很大变化，有两大特点：

一是矿山头已兴建别墅式的新村，统一格式，每户1~2座。在其他自然村，不少家庭也兴建了别墅式的住宅（图4-4）共198套（表4-6）。参照城市居民的别墅设计建设，内有卫生间，独立门户，居住条件大有改善。

二是随着国家"农村转移人口市民化"的政策落地，并加快进程，不少村民已在县城买了住房，举家搬离山村，入户和平县城，年幼的子孙在县城就读各类学校。在增公村的祖屋已变成"空壳",只有寒暑假或亲戚办红白事时回村小住一段时间,热闹几天。据统计,在县城或外县市购置房产的有226户(表4-6)。

据2017年4月份统计,目前增公村只有36户常驻村民耕种水稻,种植面积仅有43.5亩。

图4-4 别墅式的民居楼

各姓氏简介:

卢姓 堂名为范阳堂。据历史记载,卢姓有六个来源:①出自姜姓,炎帝的后裔有功之臣姜子牙被封为齐,有太公之称,俗称姜太公,名尚,为卢氏之源之一。②由原为复姓的吐伏卢氏、伏卢氏、卢浦氏、莫芦氏改为单姓卢氏。③由他姓改为卢姓,范阳的雷氏、三原(今陕西)的闾氏与卢音相近,将雷姓与闾姓讹为卢姓,以讹传讹。④出自他姓赐卢氏,隋炀

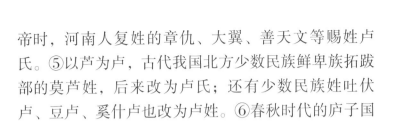

帝时,河南人复姓的章仇、大翼、善天文等赐姓卢氏。⑤以芦为卢,古代我国北方少数民族鲜卑族拓跋部的莫芦姓,后来改为卢氏;还有少数民族姓吐伏卢、豆卢、奚什卢也改为卢姓。⑥春秋时代的庐子国有人以庐为姓,后改为卢姓。

增公矿山头、大圳、水头、榕树下、嶂顶卢姓来自附城均联的均坑老屋,上寨和水勿来自均坑牛形咀。

陈姓 堂名为颍川堂。据记载,陈姓的始祖是黄帝,而黄帝起于姬水,为现在的陕西、甘肃交界处。陈姓的得姓源于黄帝部落的主要支派陈丰氏。陈丰氏部落初居地是现今陕西宝鸡(原为陈仓山,又称陈峰,到唐代定名宝鸡县)。大约5000年前,陈氏部落随黄帝族东迁中原地带的肥沃平原,由游牧生活转向农业定居生活。首先以宛丘(今河南周口市淮阳)为都城,后来,再迁到颍川(今许昌市禹州)。这是陈氏中最大一支,史称陈氏正宗。陈氏入粤始于南宋,在北宋末年,金兵南侵,陈氏后裔陈魁率族人南迁,至其曾孙二朗和三朗再迁广东。本村陈姓祖屋的厅厦(大厅)祖宗神牌位处上方标有"颍川堂",无疑,河南颍川是广东陈姓祖先的居住地。陈姓历经几千年的沧桑和坚守,终成为中华民族十大姓氏之一。

在本村,居住不同村落的陈姓来源于和平县内三个不同地方,腊竹塘与中心墩来自大坝白石坑,上磜(含石垠)来自附城均联陈坑,陈屋(含赤竹坜)来源于林寨。

黄姓 堂名为江夏堂。据 2003 年黄胜强、黄金章、黄焕扬修编的《增公坑黄氏世系族谱》记载，12 世孟攒公从均坑大岭下（现属附城均联）迁入增公地朗头至今已 280 多年。据大坝银溪黄哲称"经多方考证，平均 23.5 岁为一代，基本上是准确的"。增公黄姓第 12 世至 25 世，共 14 代，减去前后各一代，为第 12 世传至 25 世，经 12 个世代繁衍，现今，在世子孙达 100 多人。这些子孙后代有从事行政工作的干部和工农业的工人农民。水头石碓黄姓来自均坑拱门。

王姓 堂名为三槐堂。先世于元末明初自江西抚州迁至福建泰宗宁化县转迁广东龙川，后来再到和平均坑，然后由均坑到增公落基上磜王屋。

袁姓 堂名为汝南堂。袁姓系乘涛涂、望出汝南郡，出自女为姓，即为虞舜之后。袁姓家族的始祖是秦末 3000 年前的袁政，也是今河南淮阳一带袁姓家族。袁姓南迁约在唐代以前，到宋朝便自福建迁入广东。迁入粤姓祖志君公，四世友发公由龙川移籍和平石陂头，14 世分居石寨下、李屋坳。

吴姓 堂名为渤海堂。吴氏之先始于后稷，至 24 世秦佰、39 世季札、85 世竞公，为江南之始祖。据吴氏老谱，大塅吴姓可能是佰玉之子法猷后裔 15 世贤秀由龙川细坳漳田井头迁来。

曾姓 堂名为鲁郡堂。据曾锦桃、朱春雨口述及袁氏族谱分析，曾姓是李屋坳 14 世朝球娶彭寨叶氏带来 1 子，生 2 子。带来之子其父姓曾，长大成人后，朝球父子另立一屋基给带来的那儿子，传至目前曾姓有13人，其中6个男丁。

在中华人民共和国，社会稳定，人民安居乐业。改革开放以后，广东经济在高速快车道上迈进，惠及山区人民。在增公山村里，人民生活不断改善，饮食结构发生了很大变化，"番薯片饭"早已退出餐桌，现在的青少年已不知它是何物，只留在老一辈的记忆中。社会医疗保障系统日趋完善，有病痛早治，村民的健康得到社会保障。增公自然环境优良，空气清新，"高山有好水"，村民长年累月生息得益于健康长寿的绿色环境中。据近期调查，本村现有80岁以上的老人有60人（表4-5）。祈望增公村成为长寿村。

表4-5　本村80岁以上长寿老人名单＊（编著者，2017）

自然村\姓名	80至84岁		85至89岁		90岁以上	
	男	女	男	女	男	女
山尾	卢月镜(80) 卢月深(80)	黄松林(84) 何金秀(84) 陈南荣(80)	卢胜坤(88) 卢锡登(86) 陈胜中(86) 叶日宣(86) 卢东吉(86) 卢希明(85) 卢锡章(85)	陈火林(88) 陈金姐(85)	卢文捷(98)	

续表4－5

自然村\姓名	80至84岁		85至89岁		90岁以上	
	男	女	男	女	男	女
上磜	陈紫金（84） 陈章鉴（83） 朱焕明（80） 陈胜远（80）	周丙耀（83） 周三秀（82） 朱日扬（82） 毛金月（81）		朱日煌（87） 黄亚壬（85）		何松栋（91） 黄亚火（90）
地朗	黄培章（83） 黄成林（83） 黄金槐（82）	黄海银（83） 叶火英（82） 陈金英（80）	黄桂森（85）	陈延涌（86） 袁亚兰（86） 何亚姐（85）	黄焕扬（91）	朱金水（92）
水头	卢桂秋（81） 卢增胜（80）	卢金玉（83） 叶楚汉（82） 曾日兰（81） 陈菊英（80） 王金连（80） 叶 日（80）				吴新娣（97）

续表 4-5

自然村\姓名	80 至 84 岁		85 至 89 岁		90 岁以上	
	男	女	男	女	男	女
水口	卢远兴(80) 卢名初(80)	杨亚进(82) 罗彩兰(82) 黄坤基(82) 杨亚妹(81) 黄亚运(81)	卢桂全(87) 卢金农(85)	吴秋妹(85) 何月明(85)		卢观娣(95)

* 据笔者所知,自中华人民共和国成立至今,本村最高寿者有水口(陈屋)黄亚球(女)101 岁、上磜(墈里)陈秉魁(男)101 岁。他们已辞世多年。

表 4-6 增公村民在县城及外县市置业情况统计(2017)

自然村	新建(购置)房屋(套)		村民拥有的小汽车(辆)	资料提供人员
	在本村	在县城或外县市		
山尾	59	46	34	袁石祥 陈树波 袁西练 卢月深 卢伟汉
上磜	45	31	15	陈振锐 王胜桥
地朗	25	41	8	黄贵恩 陈日光
水头	16	60	20	卢锦清
水口	53	48	44	陈桂华 陈文深 卢运兴 卢运海
合计	198	226	121	

(三) 危害村民的重要传染病

疟疾病。增公属山区,在中华人民共和国成立前,多年来都是疟疾病流行重灾区。直到中华人民共和国成立后的20世纪50年代,疟疾病仍是主要传染病。当今75岁以上的老一辈人群,没有发生过此病的人为数不多。笔者是在汤湖大同一小读高小时发过此病。疟疾病的病原体是单细胞的原生动物疟原虫,通过蚊子在人群中叮咬吸血,转播流行。全世界疟疾病有4种,在我们山村流行的多是间日疟,其发病过程大致如下:当感染了疟原虫的蚊子在唾液中有大量疟原虫孢子,当此蚊叮咬人体时,随蚊子唾液进入人体的血液中,约经半小时进入肝脏细胞,并在其中裂体生殖,然后裂殖子进入红血球,并在其中再进行裂体生殖,一个周期需48小时,当红血球破裂,裂殖子及其代谢产物逸出,进入血液中,使患者感到寒战,接着发高烧,每隔一天发生一次恶寒、高烧的症状,患者极其痛苦。由于疟原虫在人体的肝脏和红血球进行繁殖,患者脸黄肌瘦,疲倦不堪,丧失劳动力,重者死亡。在我国,此病现在几乎绝迹。疟疾病俗称"打摆子"。

出痘(天花)。这是一种急性传染病,死亡率很高,为病毒病,在旧社会广为流行。患者即使康复,出痘处结痂后留下疤痕称"麻子",尤其在面部,影响人的容貌。本村患过天花病的人并非少数,并有致死病例，榕树下陈甲秀生下儿子卢国祥不足百日，她便出痘致死。自接种"牛痘"疫苗后，此病已绝迹。

痢疾，为消化道传染病。当健康人食用了被病菌污染的食物或饮用水而致病。在中华人民共和国成立前，本村此病时有发生，并有致死病例。"病从口入"，只要注重饮食卫生可防此病。

钩虫病，是我国必须消灭的五大寄生虫病之一。病原体是称钩虫的寄生线虫，寄生在人体的小肠中，大小似绣花针，用口腔咬住人体的小肠壁，吸食人体的血液，数量多时，使人严重贫血，并可引起心脏病和其他并发症致死。雌雄虫交配后产卵，卵随人的粪便排出。如用带有虫卵的粪便做菜地、番薯地的肥料，虫卵在土壤中发育成丝状幼虫时，当人（多为农妇）光脚在菜地松土，或用手拔草，皮肤与土壤接触，幼虫钻入人体。感染最初几天，手脚感染部位起疙瘩，俗称"屎瘰"，痒得难受。然后，幼虫由血管经心、肺、咽、食道和胃到小肠，在小肠中发育为成虫。这是老一辈农村妇女的常见病，现已绝迹。

（四）人祸

（1）国民党滥杀无辜。在国民党黑暗统治时期，村民惶惶不可终日，尤其在国民党末日快到的1948年，本村地朗的游击队战士黄增清及其妻子叶千梅被杀害，壮烈牺牲，成烈士。同期被无辜杀害的还有上磜桃坝1人，矿山头2人，地朗1人和嶂顶1人。

（2）国民党兵如同劫匪。我在童年时，1947年正月十三跟着父亲到县城看画灯，去时屋中有人托我父亲把他存放在纸行的土纸卖了，在回到黄沙尾时一群身负真枪实弹的土匪般的国民党兵追来，把我父亲身上代人卖土纸的钱抢光了。至今，这事我记忆犹新，一辈子不会忘记。

（3）抓壮丁。在国民党统治时期，尤其在中华人民共和国成立前几年，为了抵抗共产党军队，经常有身负真枪实弹的国民党兵，不分白昼黑夜进村入舍抓青壮年男子当兵，为其当炮灰，弄得村民惶惶不可终日，提心吊胆过日子。我还清楚地记得，有一天晚上半夜时分，被群众称之为"白狗"的几位国民党兵撞入社前屋，群狗对其狂吠。当时我还幼小，与父母同睡，"白狗"撞入我们房间，万幸，我父亲早已爬到楼阁上，逃脱了"白狗"的抓捕。在本村，中华人民共和国成立前被国民党兵抓去当壮丁的不是少数人，仅上磜就有4人，其中1人被抓走后杳无音信，不知葬身何方。1人得了终身残疾，一生孤寡。1人身患血吸虫病，回家后几年即去世。另外，还有大塯1人，榕树下2人也被抓去当国民党兵。在中华人民共和国成立前夕，矿山头卢金昌被抓壮丁，其所在的部队被共产党打败后，投降，收编为解放军的一名战士。后来，卢金昌参加抗美援朝，伤残后回国，成为"荣军"。

（4）打劫贼。在旧中国，玉径茶亭是增公人赴县城的必经之路，从县城回来爬越数公里长的李磜垠后歇脚的地方。打劫贼经常在此活动，打劫行人财物。增公村人深受其害，有的刚在县城把土纸出售换取了一些钱财，却被劫匪抢光，欲哭无泪。

（5）偷牛贼。耕牛是农户家里不会说话的、人却不能替代的主要劳动力。在旧中国，耕牛不仅受到老虎、豺狗的侵袭，还受到偷牛贼的盗窃，甚至关在牛栏里的都不安全，偷牛贼使用特制工具挖壁凿墙，从墙洞里把牛偷走。在本村，那时几乎每年都有偷牛贼挖壁偷牛的恶行发生。多数偷牛贼是外乡人。大圳黄锡荣向亲朋借钱买回的耕牛第三天就被挖壁贼偷走，其妻哭了三四天。

五、农　　业

据上陵区公所1986年统计资料，增公乡耕地690亩，其中稻田570亩。

（一）中华人民共和国成立前的概况

增公的农业历来比较落后，尤其是中华人民共和国成立前的几百年，原因多方面，除了旧社会的黑暗统治外，自然环境条件对农业的制约因素也不可忽视。山高、水冷、阳光不足等自然条件不利于农作物的生长。自从村落形成到中华人民共和国成立的几百年中，耕作制度、耕作技术和适于山区种植米质很差的赤米（红米）品种等一成不变，粮食产量低。本村所生产的粮食只能维持四五个月食用，"一年耕作不足半年粮"的局面无法改变。番薯在一日三餐中所占的比重很高。在一年中，大多数村民只有在春节年三十晚及年初一、年初二的几天中吃上煮饭时不加入番薯片的"净饭"。从年头到年尾，不是番薯片饭就是青菜粥或番薯餐。每年青黄不接的三穷四月，往往要上山挖硬饭头及蕨基（蕨根提取淀粉）、采摘长命枫叶来充饥。广大村民的生活苦不堪言。几百年来，本村传统农业的特点是：

耕作制度一成不变；耕作技术古老、落后；农作物品种低劣，产量低，品质差。

（二）中华人民共和国成立后的概况

中华人民共和国成立后，本村农业的发展道路虽然不是一帆风顺，亦经历过波折，但是农业面貌发生了根本的变化。在土地改革后，耕者有其田，世世代代贫苦的农民都有了属于自己的田地，生产积极性大大提高。由于自然条件的限制和传统的农业思维束缚，耕作制度和耕作技术还没有多少改变，粮食产量还是提高不多，一日三餐番薯片饭的日子无法改变。好在当时土纸价格比较高，杉木值钱，村民钱袋里的钱一直在增加，有钱买粮和日常生活用品。那几年村民的生活有明显改善。不少外乡女子羡慕增公人的幸福生活，纷纷进山，嫁给增公青年。

自 1955 年起，增公与全国一样走农业合作化道路，经历互助组—初级社—高级社。由原来以家庭为单位的个体经营转为集体经营，改变了自古以来的生产管理方式。当初农民的热情很高，各村落还组织了青年突击队，向荒山要耕地。荒山比较多的村落，如上磜，在 1955 年秋冬期间组织了 20 多人的青年突击队，在队长陈佛健的带领下，在蛤蟆石窝、枫树墩、庵背等地开荒。当时陈振耀、王树浓初中毕业后回乡务农一年，成为村干部的得力助手、青年突击队的干将。由于土地肥沃，1956 年种的番薯等农作物获得大丰收。此后，这些被垦殖荒地发挥了多年效益。后来被分配给各户种植大豆、番薯等作物，收成都很可观。据《和平县志》记载，1956年全县水稻亩产、总产量均达到历史最高水平，增公也不例外。

1958年，全国农村实行"政社合一"的"人民公社"管理模式，增公成为东山公社的一个大队，设5个生产队。那时，由于狂吹"共产风"和"浮夸风"，严重挫伤了农民的生产积极性，又遭受连续3年的自然灾害，"屋漏偏逢连夜雨"，而导致1960—1962年经济困难时期。1961年3月，中央政府对人民公社的政策进行了调整，逐渐恢复了农业的元气，1963年下半年景况明显好转。

始于1966年的"文化大革命"十年期间，执行"以阶级斗争为纲，突出政治"的政治路线，农业推行"以粮为纲"的生产策略，生产力受到严重束缚，农业生产模式受到严重破坏，本村的农业处于停滞不前的状态。

1976年10月，打倒王洪文、江青、张春桥、姚文元"四人帮"以后，党中央采取了一系列的改革开放措施，1983年撤销人民公社，恢复区、乡建置。农村推行家庭联产承包责任制，调动了农民的生产积极性；同时，广泛推广种植高产优质的水稻品种，因此，水稻产量有显著提高。餐桌上的"番薯片饭"的传统模式已开始改变，并逐渐消失。

鉴于本村的自然条件和耕作习惯，耕作制度几乎没有太大的改变，就水稻的种植而言，无非是两种模式,一年两熟的两季稻和一年一熟的单季稻,俗称"八月白"。因多数家庭每年生产的稻谷仅够4～5个月食用,因此,除了畲地种植番薯弥补食粮不足外,晚造还要留一部分稻田,尤其较缺水的田块种植一造番薯,秋收后切片晒干,供全年食用。为了充分利用地力,还在番薯田间种黄豆和绿豆。20世纪50年代初,曾在秋收后,用小部分土地条件较好的田块试种一造小麦。虽然试种成功,但产量不高,乃因对外来作物小麦的一整套种植技术没有掌握,况且多种一造小麦和水稻生产有矛盾。最终不能成为耕作制度,传承下来。

自1978年改革开放以来,本村常住人口组成发生了很大改变,作为主要劳动力的男女青年转移到经济较发达的珠三角务工。尤其最近几年国家实行"农村转移人口市民化"的户籍政策以后,有相当多的家庭已在本县城或外县、市购置了房产,入住城镇,小孩在县城或外地就读,本村的常住人口大大减少,而且主要是老人、妇女、小孩。最近十年,本村出现的新情况是,许多田地无人耕种,离村稍远的稻田、世世代代苦心耕种的"八月白"田、畲地已恢复原生态,竹木成林,杂草丛生。

(三)农作物品种

1. 粮食作物

水稻。至中华人民共和国成立初期,本村作为主要粮食的水稻品种的米质粗糙的赤米（红米），是适于山区种植产量不高的高秆品种，如早造的迟赤、中造（单季稻）的八月粘和晚造的冬赤。后来，农业部门引进、推广了米质较好高产的矮秆稻种。自此，本村的水稻生产前进了一大步，赤米番薯片逐渐退出了饭桌。目前，水稻单产较中华人民共和国成立初期翻番有余。

另外，糯稻在水稻种植面积中占有一定比例，这与客家地区的饮食文化有关。每年春节做油果、枣，七夕节裹粽、打糍粑和酿造糯米酒，尤其有妇女要生小孩的家庭，都要用数量不少的糯米。因此，家家户户都要留一定面积的稻田种植糯谷。

粳米。每逢过年过节要做一些米粄，为自家食用和探亲访友的礼品。本村当家稻种是赤米稻。赤米做不了米粄，赤米做的米粄粗硬，也很容易爆裂，既不好吃，又不好看。在优良稻种引种之前，多数村民要种植小面积的粳稻。这种稻种米质很好，是过年做黄粄和过节做粄食的首选稻米，虽然米质好，但是其产量低，只种产几斗谷的种植面积而已。本村糯稻和粳稻的种植要追溯到客家的饮食文化。

番薯。多少年来，番薯是增公人的主要粮食之一，一日三餐离不开它。不能种水稻的旱地（畲地）大多用来种番薯。在秋冬番薯收获季节往往是蒸一篮仔番薯填肚。平时，番薯片与米同煮，家境好些的，番薯片少些，家境贫穷的，一碗饭中番薯片是主角，碗底没有几粒米饭。在家中，如果小孩还小，都把米饭让给小孩吃，做父母的只有番薯片落肚。自高产优质的矮秆稻种引入本村后，水稻生产面貌大改观，番薯片逐渐退出餐桌，已成历史，只留在老一辈村民的记忆中。

杂粮。本村除了番薯以外的杂粮种植几乎不占耕地。用间种方式生产杂粮和蔬菜。家家户户而且世世代代都在田塍里间种鸡爪粟、大豆、豆角三种作物。可见增公人非常爱惜耕地。每家还在较近家里的田块，选一段田塍种茄子、黄瓜、辣椒等蔬菜。鸡爪粟不成规模生产，狗尾粟、玉米更是零星种植，只是在三穷四月、青黄不接时，弥补无米之炊。这种生产模式已消失多年。

2. 经济作物

花生。在本村种植花生之目的是供家庭在办喜事和过年过节时食用，以畲地小面积种植。

大豆。在早造田塍里种黄豆、鸡爪粟和豆角是传统的种植方式，在秋天大豆成熟饱满时，连豆带枝叶采回家中。在20世纪80年代后，番薯退出主粮后，部分畲地转种大豆，很多家庭自家食用有余。最近十年，豆腐生产专业户开车到各村落上门推销，天天有豆腐买，因此多数村民也不再种黄豆了。

绿豆。在番薯地间种绿豆是另一种传统性的种植方式。因绿豆的食用量不大，这种生产方式也能满足家用。

3. 水果

水果品种有糖梨、李子、桃子、柿子、枇杷、柑橘等。这些水果历来种植在门前屋后和耕地周缘,供自家食用。最近一二十年,除了种植和平椪柑外,还引种温州蜜橘种植,有不少村民已初具生产规模,每年可产几千斤至上万斤,供应市场。最近几年,本村的水果生产品种和规模有所变化,许多留守家庭都引种猕猴桃和百香果。

4. 蔬菜

本村家家户户都拥有种菜的园地,主要用来种植叶菜类,有的蔬菜如茄子、豆角、黄瓜则利用田塍种植,有的瓜类,如冬瓜、南瓜、水瓜、莆瓜则种在河边、田边、畲边。

蔬菜的种类有:

(1) 瓜类:南瓜、冬瓜、莆瓜、水瓜、丝瓜、黄瓜、苦瓜、茄瓜。

(2) 薯类及根茎菜类:大薯、沙葛(葛薯)、芋头、白萝卜、胡萝卜。

(3) 豆类:豆角、狗爪豆、大板豆、眉豆、豌豆。

(4) 叶菜类:小白菜、大白菜、芥菜、芥蓝、荞、茼蒿、椰菜、莴苣、白麦、油麦、君达菜(大耳枸)。

(5) 调料类:姜、葱、蒜、芹菜、芫荽、薄荷(田螺香)、韭菜、茴香、留民香。

（四）农作物的病虫害及其防治

在本村为害水稻的害虫主要有：

三化螟。其幼虫钻蛀禾心，在水稻生长苗期受其害则成枯心苗。在扬花抽穗期则成"白穗"。这种害虫是水稻的最常见害虫。

稻纵卷叶螟。其幼虫将稻叶纵卷而在其中取食叶肉，严重时整块稻田的稻叶被害而枯燥，严重影响水稻的光合作用和养分积累而减产。这种害虫也时常发生。

稻负泥虫（牛屎虫）。其幼虫为害晚稻苗期，是山区常见的水稻害虫。通常在早晨露水未干时，用专用的工具除虫，将正在为害稻叶的稻负泥虫的幼虫牛屎虫扫掉。

稻飞虱。虫体小，而且集中在禾兜的基部吸食稻秆之汁液，往往为害很严重时才发现。如为害成熟期水稻常造成倒伏。

稻蝗。食叶害虫，时有发生。

在虫害发生严重时，喷洒杀虫剂防治之。

（五）畜禽饲养

本村饲养的家畜有猪和牛。在中华人民共和国成立后，本村除人口少的家庭外，几乎每家都养猪，每年养一头，主要供家人肉食。近十多年来，只有少数家庭养猪，因种种原因，多数家庭已不再养猪了。牛，多为黄牛（图5-1），在下半村有少量水牛。村民把牛和水稻耕种连在一起，称牛为"耕牛"，几乎家家都有1~2头。在农家中，"耕牛"是不会说话的、人却不能替代的重劳动力，因此，农户视牛为家中成员，如家养的牛被贼偷去或被豺狗猎杀、跌落深坑致死，户主会极其伤心。

图5-1　耕牛

本村农户饲养的家禽主要有鸡、鸭，尤其鸡，是家家户户必养的家禽。养鸡不仅供家人吃用鸡肉、鸡蛋，鸡、糯米酒、鸡蛋不仅是产妇坐月时必备的食品，也是"送月"的必备礼品。

(六) 农具

1. 耕作

配铁犁头的木犁：用于春耕时稻田翻土。

铁耙：将灌足水的稻田泥土耙碎、耙匀、耙平。

田刨：主要用于铲除杂草。

铁锴：耙形锄，用来做田塍、翻锄地坽等用。

脚锄：用于挖土的锄头。

秧铲：插秧时刬秧用。

粪箕：用来运送农家肥，如猪牛屎、草木灰等。

粪桶：用来运送粪便等农家肥用。

喷雾器：喷洒农药防治害虫。

2. 收获

四方粘斗：脱谷粒用。围早，粘斗的配套农具。

禾镰：割禾的专用刀。竹箩，运送稻谷用。

竹篓：用来收谷。扁担，挑运稻谷用。

谷围：晒稻谷用。木耥耙，晒谷时用来耥平稻谷。

3. 护身用具

竹笠：防雨防晒的尖顶竹笠。

蓑衣：用棕衣做成的雨衣。在严寒时节，穷苦人家时儿把蓑衣当被盖。（图 5－2）

图 5-2 各种农具
1. 笠麻和蓑衣；2. 风车；3. 木犁；4. 田刨；5. 铁锴；
6. 脚锄；7. 秧铲

六、林 业

靠山吃山，本村的经济是农林并重的模式。毛竹（图6-1）、杉木（图6-2）是林业的主体。而油茶种植面积有限，只是林业经济的补充，各家各户的油茶产量不多，所产茶油不足家用，谈不上成为商品投入市场。

据《和平县志》记载，中华人民共和国成立初，全县森林覆盖率为85%，而1995年，森林覆盖率仅71.8%。近20年来，由于农村广大青年转向珠三角地区务工，山上的竹木恢复了长势，无疑森林覆盖率有明显提高。笔者坚信，本村的森林覆盖率会高于全县的平均水平。据1984年统计，全县竹林面积8286公顷（1公顷为15亩），1994年已提高到1.8万公顷。据1988年县林业局统计资料，上陵镇有毛竹林51128亩，为全县第一，而在上陵镇中增公村毛竹面积为10922亩，仅次于翠山11918亩，名列第二。由此可见，毛竹在本村村民的生产、生活和森林面积中所处的地位。

在20世纪80年代以前，村民以竹为原料制作土纸，投放市场换取资金购买粮食和生活用品。本村的土纸制造业始于何年无文字记载。中华人民共和国成立初期，是增公土纸制造的鼎盛时期。当时土纸价位较高，经济效益较好，几百年历史的山村旧貌变新颜，村民的生活明显改善，民众的衣着开始跟上潮流，长期以来晚间出行竹火把照明已由手电筒取代；不少外乡女子远嫁增公"穷汉"。那时家家户户喜气洋洋。

本村林业资源除毛竹外，还有一些经济林木，杉木、马尾松、白花油茶、木油桐（俗称铁树，叶有裂角，果有3纵棱）、油桐（俗称糠桐，叶周缘完整无缺裂，果圆形）。由于科学技术的推广、林业经济的发展，村民懂得利用一些林木，如壳斗科的树种、金缕梅科的枫香树及大戟科的木油桐和油桐的原木接种香菇、木耳。本村为"和平冬菇"的主要产区之一，近几年，"增公冬菇"已成"和平冬菇"的品牌产品。

在20世纪50～70年代，本村各村落都有人从事钩割成材松树皮收取松香（松脂）的副业。到80年代以后，由于多种原因，这一副业已无人干了。

1976年，增公大队集中全大队的劳动力400多人，工期月余，自带工具和午餐到上磜蛤蟆石窝垦殖了专种杉木的林场（又称采育场），100多亩。翌年春天都种上杉苗，并派专人管理。由于土壤肥沃，杉木长势很好，经十多年已成材砍伐。后来因体制际变，疏于管理，已荒芜，恢复了原来的生态景观。

林业不仅有重要的经济效益，也有重要的社会效益和生态效益。森林有益于水土涵养，是一座无形的水库，山清水秀，高山有好水，大旱之年，山泉水长流；大雨连绵之时，延缓山洪暴发，减轻灾害。旱涝基本不波及增公。森林造福人类。

森林是野生动物的栖息地和繁育场所。森林的破坏将给生物多样性带来毁灭性的灾难,同样将给人类带来灾难。保护森林,保护生物多样性,亦保护我们人类。

另外,竹山特有资源竹笋、蝉蜕、蝉花(图6-3)和蜜蜂、五倍子(图6-4)、山苍子等都是山区特产。在50年前,蝉花、蝉蜕甚为丰富。最近几年,每逢芒种、夏至季节,县城及邻近乡镇的民众成群结队专程来增公采蝉花、蝉蜕,捕捉活蝉。

增公村民极其注重保护山间竹木,历年来极少发生山火人为毁林现象。自1980年后,上半村局部发生竹蝗(竹蟓)为害竹林,对毛竹造成严重损害,林业部门很重视,组织民众进行防治,防止大面积发生。

图6-1　毛竹林

图6-2 杉木林

 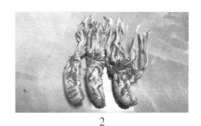

图6-3 蝉蜕蝉花

1. 蝉蜕；2. 蝉花

图6-4 五倍子（张古忍提供，2016）

七、手工业

（一）土纸制造业

造纸是我国的四大发明之一。早在东汉时期（公元125—220年），蔡伦发明了造纸术。在中华人民共和国成立前，在增公村的每间纸棚厦都设有蔡伦的神位，每期造纸开工前烧香祈祷结束时即行打牙侪，并在聚餐前用酒肉拜祭蔡伦先师。

1. 土纸制造作坊（纸棚厦）及其设施

纸棚厦（图7-1），是由两间相连的房子组成，一间为纸张制作间，另一间为纸张焙干间（焙笼间）。

纸张制作间的设备有：

石垢：用粗竹片编织成，长3.3米，宽0.8米，用于踩烂竹嫩。

纸槽：长2.5米，宽1.1～1.3米，深1米的大型木制水槽，供装纸浆用。

胶瓮：装胶水的大水缸，陶器。

胶苴：用竹丝编织成的苴，用于过滤胶水。

帘及帘架：涂漆的网状器具，用来在纸槽里捞取纸浆成纸张的工具。

图 7-1 破旧的纸棚厦
左为兜纸间,右为焙笼间

大锅:在纸槽附近有一口煮熟胶叶的大锅,平时还可以用来烧水洗澡及煮饭菜。

纸绞:用于绞干纸张的水分。

焙笼间的设备有:

焙笼:用泥砖筑成,高2.5米,长10米,中间空,地下挖1条深1市尺多的槽,烧火用,近门口端有洞口为柴草的入口,另一端上方有烟囱,排烟。两侧壁批溏光滑。两端留通道。

棕毛刷:将湿纸张刷在焙笼壁上。

制成商品的设备:

折纸刀:竹片做成用于将纸张折成一沓沓。

矮(旱)绞:将每捆纸绞结实,便于捆绑。

商号印:标明生产者所用商号(商标)。

在纸棚厦外,还有两个非常重要的造纸附属设施:湖圹和水碓。

湖圹。在室外,露天,是腌制竹麻的大型水池,根据地形开挖成容积各异的正方形或长方形深约1.5米的水池,能有序地排放竹麻1行至多行,并略有宽余。湖圹一角底部留有一空洞便于排水,四周湖圹壁严实,严防漏水。湖圹选址的必备条件:离纸棚厦不宜太远,就近为好;有水源和便于排水,多在河边,靠河那边有坎,利于排水。

水碓。水碓设在室内,借助水力推动室外的水车,因此,水碓在河边,做料皮纸时,要将料皮(竹麻皮)用水碓踏碎后做成纸浆加入胶水方能制作纸张。因料皮坚韧,人力无法将之踩烂。水碓还可用来踏米,将除了谷壳的糙米用水碓踏去米皮。

2. 土纸的制作流程

传统的土纸有两种,一称"东庄纸",系以竹麻囊为原料做成;另一种叫"料皮纸",以竹麻皮为原料,纸质比东庄纸差得多,粗、厚、脆。两种土纸的制作方法也有所不同。中华人民共和国成立后,土纸生产工艺有所改革,玉扣纸、阳明纸、松香纸等多个品种陆续上市。

东庄纸的制作流程:砍(倒)竹麻—破竹麻—放入湖圹用石灰腌制—洗竹麻(将石灰洗净捞起)—落竹麻(将湖圹石灰水排放,并洗净湖圹,将竹麻放回湖圹后灌入清水泡烂)—剥竹麻—踩竹

麻—落槽—兜纸—绞纸—焙纸—折纸—绞纸及挪纸—盖商号印后为商品。

砍（倒）竹麻。每年5月上旬，立夏后三天至小满前将竹山上当年出土的竹笋，还没有开叶之前砍倒，俗语说："竹麻不吃小满水"。

破竹麻。将砍倒的竹麻集中在破竹麻的场地，逐条裁成约1.5米长，专用破竹麻刀将之破成宽约4厘米的竹片，削去内节，约20公斤为一把捆实，用两头尖的专用扁担挑到湖圹边堆放好。

腌竹麻。在破竹麻之前将湖圹冲洗干净，并检查是否漏水。然后，密封底部一角放水孔，再将竹麻放入湖圹中，一层竹麻一层石灰，分行排得整齐有序。最上层要多放些石灰，并用竹片加大石压住。生产50公斤东庄纸需320公斤竹麻，20公斤石灰的量计。整个湖圹装满后，放满清水腌泡，将竹麻腌透。

洗竹麻。竹麻在湖圹腌约3个月已充分腌透可洗竹麻了。从上层到底层，利用湖圹的石灰水将竹麻的石灰洗干净，并将竹麻捞出整齐地堆放在湖圹边。竹麻已全部捞起后，用竹竿捅开排水口，把石灰水放干净，并用清水将湖圹内的石灰冲洗干净，再密封出水口。通常洗一较大湖圹的竹麻，几个人要一个上午才能完成。泡在石灰水里干一上午既辛苦又伤手脚。

落竹麻。上午洗净捞起的竹麻，下午重新放回湖圹里，分行排列整齐，表面平整并铺盖茅草，然后灌满清水浸泡沤烂。

在造纸开工前要做好各项准备工作，首先搞好纸棚及其周围的环境卫生、水源的维护；摘好胶叶，为冬青科植物（图7-2）的叶子，用大锅煮（涉）烂，倒入胶瓮，沤成胶水；检查各种设备是否完好。

图7-2 铁冬青（俗称胶树、救必应）

剥竹麻。当年的竹麻约经3个月腌制，再经2～3个月浸泡，充分腐烂，秋冬农闲季节便可用来制土纸了。造纸的各项工作准备就绪，先将湖圹里泡竹麻的水放掉，然后从一角开始，用手挖取竹麻将其皮层剥去，肉皮分开堆放，竹麻肉用来造东庄纸，竹麻皮（俗称料皮）晒干后收藏，待做料皮纸用。本工种由一人完成。

踩竹麻。首先将剥好的竹麻挑回纸棚厦，放在石坵里，够1纸槽时，靠脚力将其踩烂，人跳起来，一只脚斜斜踩下去，一只脚垂直落地，保持身体平衡，一只手抓住靠墙的扶栏，以保安全。本工种由一人完成，身体强壮的男子才能承担这一工种。

落槽。这一工序由踩竹麻的人完成，将踩烂的竹麻放入装满清水的纸槽中，充分搅拌均匀，成稀糊状，并不断用竹筶捞取粗渣。将粗渣一垛一垛贴附外墙上晒干，做料皮纸用。

兜纸。兜纸是制作土纸中技术最高的工种。通常兜纸师傅个头较大，腰力较好。首先，师傅对纸槽的纸浆加上适量的胶水，反复调试，然后开帘。兜纸师傅用帘架缓缓地从纸槽中兜起纸浆，又缓缓地向前倾斜帘架，将多余的浆水从帘前沿晃出，滤掉水便剩下一层薄薄的纸浆膜，一般要进行两次。第二次要注意调整纸张的厚薄，然后将兜好纸浆膜的那一面帘子往纸架上轻轻覆下，再轻轻地揭起，纸就粘在那板上了，纸叠纸，大约1000张算1件。兜纸师傅工作一天，一般能兜纸干品约40公斤。

绞纸。这一工序由兜纸师傅完成。从纸槽上捞起的纸张含水量很高,不把过多的水分压出来,下一工序无法进行。用纸绞将整叠纸张的水绞出,使整叠纸坯能放在焙笼间竖起来。

焙纸。焙纸师傅一早起来将靠近门口的焙笼门打开点火,不断地放入柴草,把焙笼壁烧热至有烫手感,暂停添加柴草,进行焙纸环节,将纸一张一张地剥出来贴在焙笼壁上烘干。焙纸也是一项技术活,先分纸,用纸刀在纸胚上猛搓几下,再用食指和拇指撮住纸胚右上角捻一捻,一侧纸角便翘起,用嘴巴鼓气吹一吹,趁机将纸分离出来,分纸要轻巧,力度和速度都要恰到好处。分好的纸一张一张地用专用毛刷贴在焙笼壁上烘干。一焙笼壁贴上下两行,每行10张左右,贴好这边墙,到另一边墙收纸。控制好焙笼壁温度很重要,太低,要等纸烘干,时间太长,浪费时间;太高,忙不过来,这边还未贴好,那边已焙干掉落地面。一边墙焙干的纸刚好一小叠,行话称"一刀纸"。

在土纸制造中,兜纸和焙纸才算技术工种,已列入市县"非遗"保护,培养了许多能工巧匠,有上百位为县市传承人。在增公村各村落中较有名望的兜纸师傅有:山尾袁石祥、卢希明、卢桂达,上磜陈章炳、王东水、陈胜犬、王仁东,地朗黄持优、黄高品、黄贵恩,水头卢增胜、卢春浓、卢仁和,水口卢国运、陈原泽、吴日志。

打杈。专为焙纸打柴草的工种称为"打杈",多由妇女完成这一工作。由于焙笼要烧的柴草量较大，往往在造纸开工前，就要在山上砍好柴草，摊开晒干。

折纸。将焙干的纸叠好，有一定量时，按统一的规格一刀一刀折好。

绞纸与挪纸。将折好的纸约25公斤为一捆，俗称"一头"，两头一担，50公斤。逐捆上绞，绞实用竹篾将之捆绑。

盖商号印后运送纸行，每捆纸朝上一端要用纸锉打磨，磨平滑后盖上商号大印。商号即为商标，较大的家庭都有（表7-1），一看商号就知道谁家的产品，纸行老板对各个商号都熟悉。从增公挑运到和平县城纸行，来回一天，早出晚归，两头黑。在20世纪六七十年代，挑运到桃源，再由汽车转运到县城，方便多了。

表7-1 本村土纸商标名称，持有人及其继承人* （编著者，2017）

自然村名	商标名称，持有人及其继承人
山尾	永星祥：卢成伟、卢树标；和合永：卢永辉、卢月深；和兴名：陈增林、陈井运
上磜	广全利：陈秉魁、陈南照；全生利：王国全、王东水；万和选：王锦光、王日晴；瑞生利：王锦明、王杰；永生利：王金声、王胜增；永惠和：王启中、王水祥
地朗	致福祥：黄锦日、黄胜练；泰和隆：黄锦泰、黄云开；林胜栋：黄胜选、黄增浓。

续表 7-1

自然村名	商标名称，持有人及其继承人
水头	广生利：卢月辉、卢金荣；宏利永：卢函分、卢松立；兴利泳：卢焕新、卢锦清
水口	万吉祥：陈秋松、陈国栋；和生永：卢观海、卢国祥；广万永：卢胜福、卢运兴；万贞名：卢海澄、卢树青；广源永：卢三堂、卢耀坤；钦胜隆：卢观钦、卢树全；辉和昌：卢锦辉、卢升高；广丰祥：吴彪、吴平坦

＊不全，只收集到一部分。

利用竹麻皮制作出来的土纸俗称"料皮纸"。这种土纸质地粗糙，厚而脆，纸色偏黄，价钱低廉。其制造方法与造东庄纸工艺大同小异，因料皮坚韧，用脚踩不烂，要经水碓将之踏烂。另外，料皮纸质地粗脆，容易断裂，因此，纸张较东庄纸小，呈长方形。

3. 土法造纸的兴衰

据《和平县志》记载，本县造纸业始于明末清初。至清末民初，主要产地有热水、岑岗、上陵、大坝等。增公的造纸始于何年无文字记载。增公造纸业的鼎盛时期是在中华人民共和国成立初期，各个村落的土纸产量及纸棚数已达到高峰，据上陵区公所1986年10月的资料，在造纸业鼎盛时期，增公乡每年生产土纸2500～3000担，而（表7-2）的数字显然是增公的造纸已走向衰落时期了。

表7-2 本村土纸产量和纸棚及水碓统计表* （卢国祥，1975）

自然村 \ 土纸产量与造纸设施	土纸产量（东庄纸，担）	纸棚（间）	水碓（辆）	备注
山尾	510	7	2	1975年10月7日统计
上磜	200	6	8	
地朗	250	3	6	
水头	400	5	5	
水口	620	10	7	
合计	1980	31	28	

*在造纸业鼎盛时期，土纸产量、纸棚数及水碓数远大于此数。

20世纪50年代中期，随着农业合作社的浪潮，造纸也踏上了合作化之道，当时，增公的造纸业受"大同社"管辖，各户带竹山入社。在上磜塘里面、水头石堆还兴建了"大同社"的造纸厂。后来，前者经改建成增公小学，后者改作他用。

自20世纪80年代，我国经济已进入快车道高速发展，土法造纸业逐渐消失，已成历史，迄今，全村已找不到水碓，只留在我们这代人的记忆中；残旧的纸棚房子只有水头卢桂秋（图7-1）、榕树下卢永泉、卢耀坤共3间。

（二）土法榨油

增公的土法榨油业不成规模，只是小加工而已，中华人民共和国成立后，只有上磜一间。在油茶、油桐收获后，大年自开榨至收榨约需2个月，小年1个月便完成。本村面积较大成片的油茶山不多，屈指可数。油茶树多分散在竹山、杉树山中，多数农户产量不多。

1. 油寮厦及其主要设施

油寮厦占地面积较纸棚厦大些，因粉碎油茶籽需用水车做动力，须建置在有水力资源的河边。除了水车在室外，其他设施都在室内。

水车：推动油研的动力设施。

油研槽：为巨圆形的木制槽，半径约5米，槽底部铺铁皮，整槽可放茶仁约40公斤，片铺在槽中。

油研：有6个金属铁研饼，呈六角形均匀分布在油研槽上，由水车转动带动油研饼转动，将茶仁或桐仁研碎成粉末状。

油槽：为榨油工具，由巨大的松木造成，其中段凿成圆槽，可放10多个油箍茶饼。槽底有一孔，油从此流出。

油尖：一头粗一头细的硬木枋，在粗端装上厚铁皮。用凿角树木材做成。

油锤：近百斤的铁锤，用硬木悬在梁上，由两人协调撞击油尖榨油。

大锅：用来蒸熟茶仁或桐仁粉。

饭甑：比家用蒸饭的大得多，盛装茶仁粉，蒸熟。

油箍：由竹丝编织成圆形的工具，将熟的油茶粉填满，先铺一层稻草，以免茶粉逸出，然后，包实放入油槽中。

油缸：盛榨出的油。

2. 土法榨油的工作流程

采摘茶果。每年降霜时节采摘茶果。

晒干茶仁。将摘来的茶果堆放几天，再晒，茶果爆裂，茶仁溢出，再收集茶仁晒干，待运送榨油厂（油寮厦）。

茶仁研成粉。一次，俗称一房。要用茶仁40公斤左右，先研碎成茶粉。

蒸熟茶粉。研碎的茶粉一定要蒸熟才能榨油。

踩成茶饼。以油箍和稻草将熟茶粉固定在油箍内，踩实，放入油槽中。

榨油。将15饼左右的油箍排放在油槽中然后上尖，将油尖一个一个地打入油槽，将油榨出。这工序要由两位壮汉操作油锤。

收油，松尖，取出茶箍饼，将茶麸取出，将油装入油桶。

茶油榨完之后榨桐油，因桐油有毒，非食用油，只能安排在榨完茶油之后。榨油工序与榨茶油同。

20世纪80年代以后，茶山疏于管理，收获的茶果逐年减少，本村唯一的一间油寮已废弃不复存在了。以往每年开榨季节要投入5个强劳动力，劳动价值不高，从经济角度考虑，油寮没有存在必要，本村产的油茶仁运送到邻近乡村加工。

（三）竹器编织

通常在农历七月，村民会上山到自己的竹山砍竹龄较老的毛竹破篾备用。村民长期生产、生活中积累的经验，"七竹八木"，其意是七月砍的竹破篾编织的竹箩、粪箕等不会生虫，八月砍杉树才能剥制成块的树皮。破好的竹篾或篾丝到冬天农闲时编织农用工具或生活用具，用水浸透回软便于操作。

竹器编织多为家用。榕树下就有祖传的竹匠。编织经验丰富、技术精良的人所制作的美观耐用的产品，会在"街日"（即集市之日）将产品挑到市场去出售，换取一点零用钱。编织技术较高的某些产品，如晒谷用的竹围，往往请专职的师傅到家里来完成，七月砍竹请师傅破好篾，冬天农闲时，再请师傅住家花一段时间编织谷围。完成一家，再到另外一家，有时连续做一两个月。

对于增公中老年村民来讲，还有一事不会忘记。早在20世纪80年代初，他们上山砍竹做成竹席的半成品，时称"破竹席"，每逢大坝"街日"，村民清晨挑着加工的半成品到大坝狭胫（颈）出售，成行成市。因多种原因，持续不久。

八、交　通

　　从建村到中华人民共和国成立初期的几百年间，增公没有公路，要走出山门，全靠双腿，穿越山间崎岖不平弯弯曲曲的小道，翻山越岭，真有与"蜀道难，难于上青天"之同感。由于村道窄，崎岖不平，弯多，连自行车都从来未进过山，入过村。自古以来，进出山门只有几条道（图8-1），除了沿河边走数公里"水径"（地名）山路出山门，经下石可达油竹坝。这是下半村民众"赴街"常走的路。这也是唯一的一条不用翻山越岭走出山门的村道。如要到县城，则要攀爬数公里山路，登上大坳岗（地名）才出山门，然后要经过多个乡镇始达，走一趟要4～5个小时。本村产的土纸全靠人力一担一担地挑运到县城纸行出售。在矿山头的东侧坳顶有一出山门，是山尾和上磜两个自然村的村民赴油竹坝（优胜）街的必经之道。在西南角，瓦石坳是赴大利坝的山门，经过纵深的"瓦石径"（地名）抵通天磜，再走2个小时抵达大坝（又称大利坝）。可见，增公村的4个山门进出口，最多人出入的3个都在山冈上。因此，增公村民自幼便学会登山爬坡、"过河过井"的本领。此外，还有几条更加窄小难行与邻近乡村相通的"山路"。

图 8-1　走出山门的古村道

增公村每年尤其大年，制作土纸腌制竹麻所需的石灰量大，要从彭寨购买，由当地挑夫耗时两天担运到增公，第一天从彭寨到油竹坝，第二天傍晚时分才送到本村客户家里，除运费，包挑夫住宿及早晚两餐饭。这是当年交通不发达的情景。

在旧社会的几百年中，增公人出门爬山，无论从事哪种劳动都十分耗时费力，效率低下，世世代代过着贫困生活，艰难度日。

1967 年，中南 209 地质队在嶂顶、岗尾、蛤蟆石一带进行矿产资源勘查，从罗村至嶂顶、岗尾开了一条进山公路。这条矿山路也方便了增公人，从而激发了增公青年"圆公路梦"。1995 年，水头青年卢康定、卢云淮发起修建梅嶂至增公村的公路，得到时任村干部卢相耿的支持，并成立了"增公公路工程指挥部"，进行集资、乐捐，靠人力用锄头、粪箕等原始工具开挖至猪脑（地名），时任县委常委的卢金荣以及陈玉田、王树浓等增公籍干部大力支持，报请县有关部门立项，于1997年开通至增公小学（上磜塘里面）。

另外，1995年，榕树下卢运兴、卢创明、卢国祥等负责筹集每人300元，开通大岗至榕树下的公路。2008年，陈桂贤、陈国栋、陈原泽负责集资每人100元，开通榕树下至陈屋的公路。2010年，由广东金融学院和县政府出资铺设了大岗至陈屋的水泥路。2000年，李屋坳由袁优青、袁石祥负责集资每人1000元，开通李屋坳至坳顶公路。

后来，上磜村民成立了以王东水、陈延球为正、副组长的公路领导小组，筹集资金人均285元，加上乐捐和村民投劳，2003年开工，2006年全线通车到上磜王屋。

2003年至2005年间，矿山头卢桂达、卢林茂等带领全体村民积极集资投劳，齐心合力先后开通了大坳岗至矿山头和上磜拱桥至矿山头公路。接着，石寨下、腊竹塘村民的积极性很高，很快就开通了公路。至此，全村各个村落都贯通了公路。

2008年，政府出资，村民乐捐将罗村至增公小学路段铺设水泥路（图8-2）。2009年，政府出资铺设增公小学至上磜、矿山头水泥路。2016年，政府出资铺筑李屋圳到忠定线圳顶宽6米路面的水泥路。

2010年,在广东金融学院大力帮扶和县、镇政府大力支持下,村委会指派卢国祥、卢国廷、卢国志等牵头接通榕树下至罗村公路。

前后经历了20多年,增公各村落终于梦想成真,圆了公路梦。增公的公路与省际线接轨,从开通到改造升级,历程艰辛,有县、镇领导为村民办实事的功劳;有增公村干部和民众的艰辛付出;有广东金融学院的帮扶;增公籍干部卢金荣等对工程的积极谋划、推进实施也功不可没。

值得高兴的是目前增公有不少青年已购置各类车辆,共有161部,其中小车121部,成为有车一族,进出山门以车代步,跟上时代潮流。

图8-2 宽阔的水泥路

九、电力、水力与邮电

增公自建立村落至 1992 年的 300 多年，是零电力。此前夜晚的照明可分两个阶段，在民国前以竹木为材料，将竹材裁成 1.5～2 米长破成小竹片，放在湖塘里浸泡一段时间捞起晒干供夜晚点火照明。还有少数人在砍松柴时，将松树头部的心材劈成小片，晚间点火照明。这种取材照明方法持续了近 300 年。到民国时期，以火水（煤油）为照明材料，在人类发展的历史长河中进了一大步。当然，在那个年代也不是家家户户都能用上火水灯的。

自 1993 年以后，高压电输入增公，本村人的生活一步一步迈向现代。有了电，许多工种由电力代替人力，不仅减轻了劳动强度，也提高了劳动生产效率；有了电，使山村村民的生活更贴近城市的生活，洗衣机、电饭煲广泛使用；有了电，村民的文化生活更加丰富多彩。在夜晚，已是灯光熠熠的山村。

高压电输入增公村，到各家各户，卢金荣同志也立了汗马功劳。

增公水力较丰富，自古以来，村民都学会用水力替代人力和畜力，水碓和榨油作坊的油研是利用水力的典范。增公河段及支流安装的水碓星罗棋布，从山尾到水口，在土纸制造业非鼎盛时期水碓都有 28 辆

（见表7-2）。

在20世纪80年代之前，村民们互通信息主要靠书信的传递。当时各村有专门递送信件和报纸的邮递员，时称"邮差"，定期送递。如收寄包裹、发电报则要到上级邮政部门办理。

至于电讯，中华人民共和国成立初期，20世纪50年代中后期，在村委会有一部旧电话。这几乎是村党支部书记和村主任的专用电话，广大村民不可触摸。到了90年代，有少数村民拥有自己的电话。到2000年，几乎家家都有电话了。进入21世纪以后，逐渐由移动电话（手机）代替固定电话（座机）。增公村民的通信工具更新换代跟得上时代步伐。本村80岁以上的60位老人中就有14人有手机，可见手机已成为村民生活的必需品。

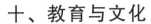

十、教育与文化

（一）教育

增公村虽是群山环抱极为封闭的穷山村，但自古以来，青少年求知欲望甚为强烈。由于本村教学条件差，要读至小学毕业都要远走他乡。不少有志之士尽管家境贫寒，但不辞辛劳，走出山门，寻求文化知识，已成为本村人的传统。在清代，本村人士接受教育，学有所成的只能从族谱中了解到点滴。据《增公坑黄氏世系族谱》记载，自12世孟瓒公入居增公地朗后繁衍子孙后代，至19世的文海公为清朝例授儒林郎，他与陈氏夫妇生养6子，其中振纲（焕扬之祖父）为邑增生，协中（增环之祖父）为武贡生，玉泉（胜强之祖父）为国学生。可见，他们三兄弟是学历较高的文化人。遗憾的是，笔者没有其他姓氏有识之士学有所成的资料。在民国时期，水头湖洋卢华荫、卢华田兄弟俩开创了增公坑人踏入大学校门，并取得本科毕业证的先河，为增公人争了光，为后辈树立了艰苦求学的榜样。卢华林（卢华恩）入读黄埔军校，后来成为军人。在本村还有数位与他们同辈的成为高小毕业生（旧时1～4年级为初小，5～6

年级为高小），按当年的标准，他们也是有"字墨"的文化人。这是我们父辈那一代以前的大致情况。

黑暗即将过去，曙光就在前头。中华人民共和国成立前夕，陈文钦、陈玉田、陈文标、黄金章、黄胜强、黄焕扬、卢瑞初、陈海安、袁佛根等到大同一小（大同乡第一小学）或县城高级小学求学，读至小学毕业。黄金章、陈文标、陈玉田等还继续在县城读中学，或师范毕业。中华人民共和国成立初，黄金章高中毕业考入江西农学院（现为江西农业大学）。他是中华人民共和国成立后踏入大学校门的增公第一人。

在旧社会，女孩子进入学校接受教育的机会比男孩少得多，本村水头湖洋卢翠燕、卢金翠姐妹俩比本村其他女孩子幸运得多，她们俩有机会读书，并读至初中、中专毕业，中华人民共和国成立后分别成为国家干部和医务工作者，为国家、为人民工作至退休。她们是增公一对出色的姐妹花，令人敬佩。

中华人民共和国成立后，为发展教育创造了条件，在长期封闭的小山村里我们这一代青少年迫切的求知欲望迸发出来，要冲出山门，远走他乡，求学文化知识。1950年，本村就有陈胜中、王金声、王日甫、陈金铭、陈增仁、陈振耀、黄桂森、黄金昌、黄李春、陈日桂、卢武春、卢壬水、卢金宏、卢桂秋、陈金海、吴增城等10多位青少年远赴大同一小就读高小。每周六下午，他们带着米袋成群结队回家。周日下午从家里挑着米、菜干等生活用品浩浩荡荡翻过瓦石坳，穿越瓦石径，直奔汤湖大同一小，成为当时增公青少年热心向学的一道风景线。这是邻近乡村看不到的景象。

在中华人民共和国成立后，地朗黄金章和上磜陈振耀也先后跨入了大学的校门，并取得本科学历证书。在党的长期培养下，他们俩在不同的岗位上为国家的教育事业努力工作了一辈子。20世纪70年代初，水头卢胜春为增公取得了第五张大学本科学历文凭。

值得欣慰的是，随着教育事业的发展，人民生活水平的不断提高，20世纪80年代以后，本村青年考取各类中专、大学的机会更多了。十年树木，百年树人，有一大批青年成为有知识、有文化、懂技术的人才，服务于国家各个领域、各个部门，人才辈出（表10-1）。值得一提的是，上磜陈慧、陈海颖姐妹俩是"90后"的姐妹花。她们先后分别在名校华南农业大学和华南师范大学本科毕业。2017年，陈海颖又考入厦门大学，为中文系的硕士研究生。她们虽然不在增公出生，但她们的血脉来自增公坑，同样值得增公人骄傲。或许，这样的例子还有不少。

表10-1 20世纪80年代后增公籍青年取得大专以上学历名录*（编著者，2017）

自然村	名　　录
山尾	卢林茂　卢嫚娜（女）卢挺　袁奇望　袁勇赞　袁海宁
上磜	陈诺（女）陈警惕　陈春行　陈思锘　陈慧（女）陈海颖（女）陈东明　陈志华　陈国勇　陈奖　陈侠　陈可（女）陈佰活

续表 10－1

自然村	名　录
地朗	黄东文（女）黄东涛　黄平安　黄丽嫚（女）黄文响　黄胜川　黄石湾　黄国靠　黄国雄　黄兰花（女）黄元虹（女）
水头	卢奕男　卢卓斌　卢卓刚　卢楚楚（女）卢小芳（女）卢红茹（女）　卢洪都　卢洪艺　卢洪海　卢红霞（女）卢国梁　卢国帅　卢海文　卢新高　卢丹莉（女）卢培贤　卢斐翠（女）卢家良　卢萍萍（女）卢欣欣（女）卢函锋　卢穗鸿　卢少蓉（女）卢小玲（女）卢志泉　卢春花（女）卢聪伦
水口	卢平等（女）卢国靠　陈增学　陈雯（女）陈凯　陈小莉（女）卢红梅（女）卢瑜（女）卢东颜（女）

＊不完全统计。

本村兴办业余教育有下列形式：

（1）兴办扫盲夜校。在旧社会，增公广大民众处于文盲状态，尤其是妇女。中华人民共和国成立后，共产党采取了一系列措施以提高广大村民的文化素质。扫盲是重要一环。当时本村各个村落都兴办了夜校，重点对象为文盲的中青年，教学的基本内容是教他们识字。

（2）广播宣传。宣传员用铁皮做成的喇叭筒，站在高处对着群众宣传党的方针、政策、男女平等、破除迷信等内容。

（3）办文化站。在 20 世纪 50 年代后期，在乡政府办了一个文化站，购买一些图书画册等通俗易懂的读物，供村民阅读。

本村兴办学校的历史，从私塾到兴建增公小学的办学历史缺少文字记载。在地朗村的原增公小学建于民国年代何年无文字记载。中华人民共和国成立后，此处用作村委会（乡政府、大队）的办公场所（现已崩塌），小学搬至水口村的大沙（图10-1）。到1976年，将上磜圹里面原大同社的造纸厂改建为增公小学。2004年香港道德会热心关注贫困山区小孩读书问题，再次改建装修成为像样的小学，并署名为"香港道德会增公小学"（图10-2）。随着国家城镇化政策的推进，本村不少村民已在县城购置了房产，小孩已到县城就读；本村增公小学高年级学生要到镇政府所在地上陵中心小学就读，本校生源锐减。

表10-2 增公小学历届校长（陈颖林等提供，2017）

姓名	性别	任期时间	籍贯	备注
卢桂浓	男	中华人民共和国第一任	本村，水勿	
曾李锦	男	1961—1966	大坝，中心曾	负责人
何海分	男	1972—1975	下车，群丰	
叶昌栋	男	1976—1977	本镇，桃原	
黄桂坛	男	1978—1979	优胜，石坝（上石）	
陈颖林	男	1979—1996	本村，上磜	
陈月发	男	1996—2000	本村，上磜	
卢国建	男	2001年至今	本村，水头	

图10-1 原增公小学（大沙）

图10-2 香港道德会增公小学（2004年改建）

（二）文化

本村民众的文化生活贫乏，每年春节期间，舞狮和打香火龙乃是具有本土特色的文化活动。中华人民共和国成立前，由于生活贫困，谈不上文化生活。中华人民共和国成立后，20世纪50年代至80年代，偶有县、镇电影放映队下乡为村民放电影，不出山门也能看到电影。90年代后，电视机逐渐进入农户家，看电视为村民的主要文化生活内容。现在仍居住在本村的村民家家户户都有电视机。村里人也能及时了解到国内外的大事和国家日新月异的变化，跟上了时代潮流。小山村已融入世界。当然，纯朴的山村民风仍存。

在旧中国，山村的小孩没有什么项目可玩，只有从小就要跟着父母干活，或放牛、打柴，因此，山村的小孩自小养成爱劳动品德。每到冬天，不少小朋友爱好上山套装老鼠和挖竹笋，视为娱乐和小山民的乐趣。

鉴于客家人的居住习俗，同宗的几代多户，多至几十户同住一大屋，屋中有一户办红事、白事，各家各户共同出力操办，形成了一种有乐大家乐、有难大家分担的优良文化传统。每逢过春节，年三十晚饭后，青年小伙取出击乐器具，敲锣打鼓，锣鼓喧天，加上鞭炮声，平时寂静的小山村，热闹非凡，乐开了花，一直闹到正月十五元宵节。

十一、方言与习俗

（一）方言（依傅雨贤教授的词汇分类排列）

1. 名词

（1）天文地理。

日头：太阳

月光：月亮

日头该伽：日晕

月光该伽：月晕

雷公：雷

天狗食日：日食

天狗食月：月食

打凝：结冰

凝雪：结冰

打霜：落霜

山坑田：山窝里的水田

湖洋田：烂泥田

大坵嫲：面积宽大的水田

番薯地：种番薯的地块

泥豆地：种花生的地块

坎头、田坎：稻田边长草的泥地

石坎：稻田边用石堆砌成的坎

陂头：拦河坝

地坽：种菜的小块土地

畬：种旱作物的地块

田塍：田埂

（2）时令时间。

暗晡夜：今晚

蚕晡夜、蚕晚夜：昨晚

后日晡：后天

断黑：傍晚时分

杀青：天已黑

临天光：拂晓

九点三个字：9时15分

旧年：去年

（3）节俗。

旧历年：春节

过年：春节

年三十晡：除夕

年初一：正月初一

出十五：元宵节

五月节：端午节

七月十四：农历七月十四节日

八月十五：中秋节

（4）人体。

头脶：头、脑袋

眼珠仁：眼珠仔、眼球

下唔：下巴

肩头：肩膀

肋肷：腋窝

手踭：肘

手指罗：指纹

手指公：拇指

手指尾：尾指

肚胈：肚子

背脢：背部

屎肠臀：臀部、屁股

脚想骨：小脚骨

脚凹：脚底窝

脚盘：脚背

脚趾罅：脚趾间的空隙

脚膜：脚上的污垢

脚迹：脚印

（5）人际人品称谓。

阿公、阿爹：祖父

阿娇：祖母

姐公：外祖父

姐婆：外祖母

阿爷：父亲

阿娘、阿姥：母亲

契爷、丈人佬：岳父

契娘、丈人婆：岳母

大爷：大伯父

大娘：大伯母

慢叔：最小的叔父

慢叔娘：慢叔之妻

大姑：父亲的姐姐

大姑丈：大姑之夫

慢姑：父亲的妹妹

慢姑爷：慢姑之夫

舅爷：舅父

舅娘：舅母

阿哥、阿保：哥哥，旧时称哥哥阿保

大嫂：嫂嫂

两仔爷：父子俩

两仔娘：母子俩

两子叔：叔侄俩

两子嫂：妯娌俩

慢仔：最小的儿子

慢女：最小的女儿

后罗娘：后母

老大人：老人

月婆：坐月子的产妇

新脯：儿媳妇

妇娘：已婚女人

阿伢仔：初生婴儿

同年：同岁

同阵：伙伴、同伴

地理先生：风水先生

教化：乞丐

斋公：和尚

孤老头：孤寡老人

癫嬷：疯女人

契哥：情夫

三朝：原意婴儿出生三天，现用于满月前宴请宾客的日子

出月：婴儿满月

百岁：婴儿出生一百天

对岁：婴儿满周岁

（6）动物。

①饲养的畜禽

猪嬷：母猪

猪猳：配种的公猪

猪竮、猪趣：小母猪

牛牯：公牛

牛竮、牛趣：小母牛

狗牯：公狗

猫嬷：母猫

猫公：公猫

鸡公：公鸡

鸡嬷：母鸡

鸡兰：未生蛋的母鸡

鸡谷：小鸡

鸡春：鸡蛋

②野生动物

老虎：华南虎

豺狗：豺

山猪：野猪

极鳞：穿山甲

土狗：芒鼠

饭勺头：烙铁头、毒蛇

南蛇：蟒蛇、无毒

檐蛇：壁虎

狗嬷蛇：蜥蜴

石沥鱼：山间河里特有的一种鱼

草蜢：蝗虫

山蚊：花斑蚊、白纹伊蚊

螁：蠓、墨蚊

黄鸡嬷：蚋

狗虱：跳蚤

虱嬷：虱子

干蜱：臭虫

曱甴：蟑螂、蜚蠊

蜢蚸：蜻蜓

土狗：蝼蛄

白地坟：蛴螬、金龟子幼虫

老虎蜢哥：螳螂

大水蚁：白蚁的有翅成虫

草卿：蟋蟀

竹蜢：竹蝗

水蛛：豉甲

（7）植物。

①栽培植物

禾：水稻

谷：稻谷

番薯：甘薯

苞粟：玉米

狗尾粟：小米

高粱粟：高粱

大板豆：刀豆

眼认豆：龙牙豆

泥豆：花生

黄豆：大豆

白豆：眉豆

赤豆：赤小豆

白萝卜：萝卜

红萝卜：胡萝卜

马荠：马蹄、荸荠

番莆：南瓜

瓜西：水瓜

莆：葫芦瓜

八镰瓜：丝瓜

茁子：茄子

芫西：芫荽

葛薯：沙葛

水菜：芥菜

碧池、田螺香：薄荷

柿椑：柿子

蝉梨：山楂

杉树：杉木

松树：马尾松

石梅：梅、青梅

油茶：白花油茶

槺桐：油桐

铁树：木油桐

木樨树：桂花

胶树（救必应）：冬青

②野生植物

绿萁：芒萁

蕨萁：蕨类的一种植物

百合：野百合

硬饭头：土茯苓

黄羌：黄精

酸冻茎：虎杖

鸭嬷甲簕：菝葜

春筋：万寿竹

金针：黄花菜

葛藤：野葛

子栗：赤楠

长命枫：大青

狗贴耳：鱼腥草

芒头兜：芦苇丛

士茅：茅草

田螺丕：椐木

秤砣：小叶石楠

火斋：乌饭树

山糖梨：豆梨

枫树：枫香、三角枫

将军树：桂木

不知春：南岭黄檀

柯树：柯

毛地：毛冬青

鸭脚木：幌伞枫

竹桔：山竹子

聋冬彭：泡桐

细叶樟：樟树

大叶樟：檫树

桔纽：拐枣、枳椇、万寿果

凿角树：凿树、椤木石楠

山荔枝：尖叶四照花

棕：棕榈

黄果：黄枝子、栀子

狐狸桃：猕猴桃

山仓子、金樱子、漆树、圤香柏、箕盘子

（8）屋宇。

屋厦：家里

门楼：门厅

厅厦：大屋中间正厅

门墩：大门两侧的石墩

廊厦：客厅

灶厦：厨房

间：卧室

楼棚：屋里的楼房

洗身间：浴室

壁脚：墙脚

壁罅：墙缝

坪厦：大屋前的平地

檐头：屋檐下的过道

巷径：屋内两侧有墙的过道

屋背头：房屋的后面

粪缸、粪寮：大便处

牛栏：牛圈

猪栏：猪圈

鸡塓：鸡窝、鸡窦

纸棚厦：制造土纸作坊

碓寮厦：水碓所在的房子

(9) 生产工具。

水碓：靠水力推动的碓

脚碓：靠脚踏推动的碓

风车：手摇风页转动吹离谷壳的木工具

磨：用花岗岩石凿成用于磨碎米、麦、豆等食品的工具

砻：脱谷壳用的磨具

砻钩：与砻相接的手推木具

粘斗：脱谷粒用的四方形的木农具

围早：在粘斗后面在打禾脱谷粒时防止谷粒飞出的竹围

竹箩：用竹丝编织成的农具

围筏：晒谷用的竹围

耥耙：晒谷时用来耥平稻谷的农具

粪箕：用来挑泥土、肥料的竹农具

镰刀：柴刀

禾镰：具有小齿的割禾刀

米筛：竹丝编成的筛米的竹器

粉筛：钢丝做成筛粉用小筛

簽，挿：收谷物的竹器

沥桶：盛大小便的木桶

尿勺：用来淋尿的木勺

竹笆（簝）：用竹丝编织成盛鱼虾的篓子

缕箕：捞鱼虾的网状用具

田刨：用于铲草用的锄头

铁锘：耙形锄，用来作田塍用

脚锄：用来挖土用的锄头

锄斧：上半部斧头，下半部锄头，挖竹笋的专用工具

担杆：扁担

笠麻：防雨防日晒的尖顶竹笠

蓑衣：用棕衣做成的雨衣

（10）家具与用具。

箱桌：有抽屉的书桌

八仙桌：坐 8 个人用膳的饭桌

长凳：能坐 2 人以上的条凳

墩凳：仅坐 1 人的无靠背凳

眠床：床

楼枑：梯子

水瓮：水缸

米瓮：米缸

勺嫲：水勺

油罂：盛油的器皿

饭甑：蒸米饭的木器，似桶

碗头：大碗

碗启：碗底

钵头：盛放肉类的大型陶器

钵皮：盛饭菜的陶器

粥罂：煲粥的陶器

坐笼：供婴儿坐的笼子

火桶：冬天用来盛炭火取暖的器具

布遮：布质的雨伞

纸遮：油纸质的雨伞

暖水壶：热水瓶

夜壶：男性用的小便壶

尿罂：盛小便用的圆筒形陶器

（11）衣物。

唐装：中式的男女便服，男装胸前开扣有 4 个口袋，胸前两个较小称表袋。女装在右边上扣，又称"大襟衫"

中山装：孙中山先生设计的男式套装

衫钮：用布条扭结成的衣扣

被窦：装了棉被的被子

底衣：内衣

底裤：内裤

节裤：短裤

挱衫：背心

袷衫：内外两层有衬里的衫

棉裀：棉袄、棉衣

颈巾：围巾

挡身裙：围裙

草履：草鞋，用稻草绳编织成的鞋子

索屐：木屐前端系脚的部分用棕绳编成

（12）饮食与食品。

食朝：吃早餐

食昼：吃午饭

食夜：吃晚饭

打点：早餐与午餐之间吃米粄之类小食

油果：糯米粉加片糖做成圆形的油炸果子，春节食品

枣：糯米粉加入部分熟糯米粉及片糖做成条状的油炸春节食品

鸡髀：鸡腿

鸡春：鸡蛋

饭燸：锅巴

饭仁：饭粒

粟粄：粟粉做成的糕

薯丸粄：将大薯锉成糊状拌米粉炸成丸子

甜粄：年糕

豆腐头：豆渣

豆粉：生粉

咸芥：咸萝卜干

木油：茶油

番薯片：番薯切成片晒干，与米同煮称"番薯片饭"

（13）其他。

心水：心意

记性：记忆力

命水：命运

食神：口福

字墨：知识学问

喙码：说话很甜

锅烉：锅背的烟灰

火燂煤：烟灰积成的污垢

锅屎（启）：锅底

狗漰：狗出入的小洞

2. 动词

（1）与手相关的词。

峳在头上：盖在头上

打赤吉：上身不穿衣服

扼：紧握

揇：揽、抱
捻：抓、拾
𥝍：抹、擦
冒：遮盖、蒙
冚：盖
焯：荡
甩：丢
掂：捉
措：套
箍：勒
挻：打
搪：涂搪、熨
扛：抬
烰：油炸
扒：拨
挪：拔
拵：拿、握
捡：拾
劄：捅
刣：宰杀
脉：辨、分开
连：缝
搓：揉
兜：端、捧
挣：修理
批：削

扞：擦

趣：喂

摡：倒、斟

秉屎：抹屁股

挣圹：铲除田边的杂草

掂早：早春将发芽的谷种掂在稻田里

（2）与脚相关的词。

行：走

飙：跑

跨：企

踊：跨

打跙：站立（小孩学走路前的动作）

踏碓：用脚力踏米

修田：耘田

（3）与口相关的词。

噍：嚼

龁（啮）：吃

哺饭：送饭

唰：喝

㪐喙：接吻

叫喙：哭

应：回答

坐嘟：聊天

打兜四（打牙侪）：聚餐

（4）与眼相关的词。

瞪：闭

眭：发怒眼珠突出很大

睚：眼睛翻白，死状

橙眼：刺眼

瞓：睡觉

（5）与头、脸、耳、鼻相关的词。

挡头：点头

撤头：摇头

头乌面黑：满脸怒气，黑口黑面

面红耳赤：做了亏心事，面色难看

搹鼻：擤鼻涕

拣：顶

（6）与心相关的词。

惗：想

怔、狂：害怕、惊

激：激气

发姓：发脾气

跌面：丢脸

识：认识

南霉：难为、多亏

压：心里闷闷不乐

天哗：忘记

（7）与身体相关的词。

作衫：穿衣服

作裤：穿裤

作袜：穿袜

作鞋：穿鞋

哴口：漱口

屙屎：大便

屙尿：小便

瀨屎：大便失禁

瀨尿：小便失禁

转侧：翻身

洗身：洗澡

洗面：洗脸

打屁：放屁

搭仔：怀孕

落月：下产

打赤吉：光着上身

打赤脚：光脚

搦：碰、靠近

捭：背

打跤：打架

劲：斯负

囸：躲藏

出六：出洋相

（8）与疾病相关的词。

头懒：头痛

謦：咳嗽

打核嗤：打喷嚏

打摆：痢疾

鼻公烌：鼻子不通气

敖喙：嘴角歪斜

喙苦：口苦
巩背：驼背
脱骹：脱臼
出麻：麻疹
出痘：天花
贡脓：化脓
风瀵：身上起小红疙瘩
引：传染
门本多：多病痛
脱体：疾病痊愈

（9）饮食与节俗。

挪毛：拔毛
撊粉：米粉加水后搓匀
挼油果：糯米粉加水和片糖后挼成小圆球状
燌饭：用锅将饭煮熟
烊干：烘干、烤干
打醮：中华人民共和国成立前，秋收以后，选好吉日，在大圳的稻田搭棚，安营扎寨，设置神台，供众人点燃香烛，祈福拜祭，锣鼓喧天，热闹非凡，多为活动七天，费用由各户自动捐款

（10）农活。

作水：灌水
核谷：担谷
挡谷：晒谷时用挡耙把谷挡开
扬谷：用簺收谷

砻谷：用砻脱谷壳

改：挖

倒：砍

秒篾：把竹破成薄片或细丝

打油：榨油

踏碓：脚踏碓杆尾部舂粉

歇：歇、休息

生卤：生锈

起乌鸡：发霉变黑

（11）其他。

诈娇：撒娇

诈病：装病

爆：破裂

娜：烫

㕣：居住

炕：烤、烘

熥火：烤火

搵：关、关押

破学：第一次上学校

3. 形容词

嗙臭、朋臭：很臭

泽：尿的臭味

哊硬：很硬

喷松：很松脆

臊：牛羊肉的特有气味

心野：不专心

灵醒：机灵、灵敏

直白：坦率

有性：懂事、听话

盲嘭：蛮不讲理

啱：合适

食柱米：柱食饭

恒：紧

交关：要紧

晏：晚

孬：不好的、坏的

4. 代词

偓：我

偓哋：我们

自家：自己

尔：你

尔哋：你们

尔侪家：你们

佢哋：他们

别只：别人

人家：别人

奈只、奈人：谁、哪人

乜介：什么

奈、奈迡：哪里

做惹：为什么

样般：怎样

奈久：什么时候

（二）习俗

增公村人秉承了中华民族大家庭的德行和习俗。村民的祖先生活在中原，南迁广东后属"客家人"，有一套客家人的方言和习俗。"客家人"分布广，祖籍地各异，不同省份、县市、乡村的客家人又有其独特的习俗。就和平县而言，不同乡镇也有习俗差异。增公坑是相对较封闭的山村，在长期生产、生活中又形成了独特的习俗。同一件事会有其独自的表现形式。如嫁娶喜事，在旧社会女青年出嫁时除了穿着漂亮的新嫁衣外，身上还要配带一面镜子、一把尺、一把剪刀、一枝侧柏和一对带叶的柑橘，坐着花轿，由轿夫抬到新郎屋大门前，等新郎来迎接。又如白事，父或母去世，入葬之日，每个儿子（孝仔）腰系稻草做的草绳，脚穿稻草做的草鞋，腋下夹着一支长约1米的"孝享棍"，这棍多是用油桐树枝做的，到墓地后放在墓旁。

本村的主要习俗：

过年（春节）。年三十下午各家各户备好鸡、猪肉、糯米酒、鞭炮、红蜡烛、香、纸钱先到厅厦拜祭祖宗；然后，到"社坛"拜祭神明；再到"猎神"拜祭，祈福、祈保佑。年初四是妇女们回娘家拜年的日子，备好黄粄、猪肉，携带子女高高兴兴拜年去。

五月节。农历五月初五，端午节，在旧社会，五月是青黄不接度荒时节。时常要到山上采摘野菜，挖蕨根、硬饭头（土茯苓）填肚。为了祈保今年早造稻谷有好收成，家庭主妇制作一些用米粉做成长条状的粉条专门到"猎神"和"伯公"处拜祭，祈丰收。

七月十四节。农历七月十四日为增公村民仅次于春节的大节。早造稻谷已收成，有粮食，有糯米，主妇们会在节日前上山采摘粽叶裹粽，有碱水粽等。七月十三，家家户户忙于裹粽。七月十四宰猪、杀鸭、馕豆腐。

八月十五。中秋节，为国人的盛大节日，仅次于春节，增公村民淡过。就在每年中秋节前后，村民会备好猪肉、头生（鸭）、糯米酒、蜡烛、鞭炮、香、纸钱等贡品，同时带备田刨、镰刀到先人墓地拜祭，同时将墓地的杂草铲除干净，故村民称"铲地"。

做"三朝""出月"。"三朝"原意婴儿出生三天，现为满月前宴请宾客的日子。"出月"为婴儿满月。现在往往"三朝"很隆重，而"出月"喜庆宴会规模较小。

拜祭造纸术发明人蔡伦先师。每年秋冬是制造土纸季节，各间纸棚都会陆续开工，在开工前要烧香拜祭蔡伦先师，祈保造纸顺利。在做完一期（通常一大湖竹麻为一期）要买些猪肉、豆腐等食品"打牙伢"，在开膳前，将备好的酒肉拜祭蔡伦先师。在旧社会，每间纸棚都有蔡伦先师的神位。

打醮。是融祈福、娱乐、交友为一体的一种较大型的活动。它是旧社会的产物，具有时代特征，带有一些封建迷信色彩。由一个乡村或多个乡村联合举办。费用由各户自动募捐。在秋收后的冬天，选好吉日，搭好排楼，排楼顶及四周用谷围遮盖，防风雨。安营扎寨，把所辖地区神社迎接过来，按等级大小排列在一起，除了点燃香烛行礼祈福外，较大规模的，还邀请外地戏班前来助兴。连续几天，锣鼓喧天，热闹非凡。在排楼周围有不少出售各种小食的摊档。结束前要敲锣打鼓将各神送回原处。笔者在少年时曾跟随父亲到大坝"五将庙"观看过大型的"打醮"；还记得，有一年冬天在本村社前屋前的稻田里搭排楼举办过较小型的"打醮"活动。1945年，时值抗日战争胜利，在本村水头区域"打醮"，清代监生卢廷光公拟写对联以示庆祝，在排楼大门上方横匾"庆祝胜利"，对联"民情益奋祈一统，颂三登，消灭日寇，见见中央世界；国运重新演四强，推百举，收复燕京，听听华夏风声"。

参考文献

［1］和平县地方志编纂委员会．和平县志［M］．广州：广东人民出版社，1999．

［2］傅雨贤．连平方言研究［M］．广州：中山大学出版社，2015．

［3］张维耿．客家话词典［M］．广州：广东人民出版社，1995．

［4］广东省国土厅，广东省地方委员会．广东省县图集［M］．广州：广东省地图出版社，1990．

［5］广东省地图出版社．广东省地图册［M］．广州：广东省地图出版社，1997．

［6］张古忍，张丹丹，陈振耀．昆虫世界与人类社会［M］．广州：中山大学出版社，2016．

［7］廖文波，等．中国井冈山地区原色植物图谱［M］．北京：科学出版社，2016．

［8］卢彦泓．中华姓氏通史·陈姓［M］．北京：东方出版社，2002．

后　　记

一、编著者简历

《增公村志》三位编著者都出生在增公坑，青少年时期都在增公坑成长。饮水思源，不忘故乡情。尽管我们三人年龄和人生经历有所不同，但对故土都怀有深厚感情。

黄金章，1933年出生于增公地朗。在中华人民共和国成立前夕初中毕业后在增公小学（地朗）任教一学期，与陈文钦共同担负教学任务。1952年在和平中学高中毕业后考上江西农学院（现江西农业大学），就读农学专业。1956年毕业后被分配到北京，在中央宣传部工作，1958年上半年调到广州华南农学院（现华南农业大学），在该校的几十年中曾在多个部门担任过领导职务，阅历丰富，任人事处处长职务多年，并曾兼任高级职称评审委员会秘书长，退休前被评为研究员职称（相当于教授），1994年退休。退休后曾担任华南农业大学离退休教职工协会理事长（一届）。

陈振耀，1937年出生于增公上磜。1959年在和平中学高中毕业后考入中山大学，就读于生物学系动物学专业，1964年毕业后留校工作至2001年退休。在校工作几十年，一直从事昆虫学的教学和研究工作，经历助教、讲师、副教授、教授等职；曾任昆虫学研究所昆虫分类与昆虫资源研究室副主任、白蚁防治研究中心主任等职。专业特长主要是半翅目（蝽类）昆虫分类和生物学研究、白蚁防治研究。主要论著有《中国经济昆虫志·半翅目（一）、（二）》（主要编制者之一）、《昆虫世界与人类社会》《白蚁防治教程》《水利白蚁防治》。社会任职方面，曾先后担任广东省白蚁学会两届秘书长和两届副理事长；退休后曾担任中山大学离退休教职工协会生科院分会两届会长和校退休协会一届理事、两届常务理事（副秘书长）。

卢国祥，1945年出生于增公榕树下。土生土长在增公坑，自1964年至2004年的40年间，曾先后在增公大队、管理区、村委会担任过两届治保主任、两届党支部书记、一届村委会委员，把人生的主要精力贡献给增公的集体事业。然而，对增公这一时期的社会状态、生产情况和村民的生活都很了解，积累了许多资料，为村志提供了许多素材。

二、增公的山

增公村为群山环抱，山连着山，山外有山。据《和平县志》记载，和平县67座主要山峰中增公只有2座：马鞍山和禾笔尖。为此，我们心中疑惑有四：

（1）马鞍山。我们还没有听说过增公村有马鞍山，只知道大坝丰通马鞍山。

（2）在《和平县志》中把位于增公腹地的蛤蟆嶂（石）归属桃源，显然有误，因为其东南是上磜，东北是嶂顶、水勿和大墩，往西北远望才是桃源。

（3）在增公村民的视觉感官中，石寨比蛤蟆嶂和禾笔尖更显得高而险峻威严，山体由花岗岩构成，在太阳的照耀下，熠熠生辉；在严冬冰雪气候，银装素裹，格外娇娆。只有一条险道可攀登上山顶，往北俯视山下，增公的五个自然村一览无余。村民视之为增公坑南山门的守护神，酷似一巨掌把守着入村之门。可是，在《和平县志》中无名分。

（4）纸湖嶂是增公坑西南山门瓦石坳的守门大将军，山体较大，山顶也较宽阔，整个山体的上半部只覆盖杂草和灌木，不长高大的乔木和毛竹。按其地理位置，应是增公和大坝通天磜及小坜的分水岭。整个山体为增公、通天磜和小坜三村共有。登上山顶，往西南远望，和平县城尽收眼底。在《和平县志》中，把此山归属大坝，我们也认为值得斟酌。

三、展望未来

我们认为，就生态条件而言，增公村比邻近乡村更具优势。

（1）增公的森林。从整体来看，成片的毛竹林面积大，基本形成不间断的连续分布，即使非纯的毛竹林，松、杉、油茶、杂树把山体覆盖得不间断的一片绿，这是其他乡村少有的。开门见山，尽是青山，"金山银山"。只有青山，才有绿水，保护好东江源头，祈望增公的山林更美，水更绿。

（2）增公的山。在《和平县志》中，和平县67座主要山峰，增公只有2座。众所周知，在增公境内和增公与邻近乡村交界处的主要山峰共有4座。本村的几座山峰各具特色，如禾笔尖，在上礤向东仰望眼前是一座山字形笔架山，都有游览观赏价值。蛤蟆石酷似攀爬到山脊上，在歇息的一只蛤蟆，每年都吸引了不少游客。

（3）增公的地形。切割较强烈，形成了多条分叉的长坑。这些长坑孕育着丰富的生物资源、水资源和旅游资源。

（4）增公的水。自古以来增公坑的水是优质的，直到中华人民共和国成立后的20年，除了个别村落饮用井水，多数村落的村民饮用水是从增公河里取水的。1958年以前河里鱼虾也很丰富。今后只要加强生活污水和垃圾的管理，增公河的水质将是一流的。

鉴于增公村具有独特的生态条件，我们建议村委会应多与镇及县有关部门联系、沟通，今后增公村的建设可否分两步走，当前可争取建立镇或县的林业生态村，待条件成熟了再把增公村建成森林公园。

由于历史和自然条件的原因，增公一贯比较闭塞、落后、贫困。近20年来，由于国家各级政府的加大投入力度，服务于国家各行各业的增公籍人士的关心，社会机构的帮扶，增公村的面貌发生了很大变化，我们感到欣慰。祈望增公跟上国家的发展步伐，不断前进。

四、致谢

幸获本县各级行政部门的资助和本村广大村民及在外地从事各行各业的增公籍人士鼎力支持，慷慨解囊，出版费用圆满解决，《增公村志》得以如期出版。现将截至2017年12月20日止，所获资助和捐集的款项公布如下：

1. 各级行政部门资助金额

和平县人民政府10000元

和平县文化广电新闻出版局2000元

上陵镇人民政府1000元

增公村村委会800元

2. 个人捐款姓名及金额

　　　　　地朗：黄佛清5000元

　　　　　　　　黄平安3000元

　　　　　　　　黄东文1500元

　　　　　　　　黄东涛1500元

　　　　　山尾：卢林茂2000元

　　　　　水口：陈国栋1500元

1000元　上磜：陈东明　陈志华

　　　　　水口：陈桂贤

500元	上磜：	陈颖林　陈国勇　王俊达
	地朗：	黄石湾
	水头：	卢胜春　卢锦清
	水口：	卢国祥　卢国煌
300元	山尾：	卢荣光　卢金响　陈金志
	上磜：	陈月发　陈少剑　陈月山
	地朗：	黄增浓　陈胜春　黄桂祥
		黄翠芳　黄高峰
	水头：	欧阳永兰　卢云准
	水口：	陈国民　卢创明
200元	山尾：	卢桂达　卢文科
		朱林丰　卢日成
	上磜：	陈冠亚　陈志明　陈拥军
		陈拥泽　陈中立　陈中正
		陈佰全　黄菊香　陈思鎊
	地朗：	黄金生　黄海东　陈乐演
		陈日光　黄国雄　黄卫泽
		黄相南　黄正品　黄林城
	水头：	卢康定　卢国栋　卢国梁
		卢锦明　卢国建
	水口：	陈原泽　陈仕彦　卢国志
		陈平扬　陈国将　卢春生
		卢敏越　卢正才　卢海章
		卢运生　卢玉荣
100元	山尾：	曾锦桃　袁石祥　袁优青
		袁西炼　袁胜才　袁谷昌

　　　　袁叶怀　袁洪周　黄胜春
　　　　卢金水　卢伟俊
上磜：陈长青　陈运淡
地朗：陈东高　陈世泽　黄汉明
　　　　黄金镜　王胜桥　王东水
　　　　陈延球
水头；黄锦松　卢东武
水口：卢雪荣　卢新高　卢国廷

鉴于编著者学识所限，错漏之处在所难免，谨请读者批评指正。

编著者
2017 年 12 月 23 日

图版 I 增公村的航拍图

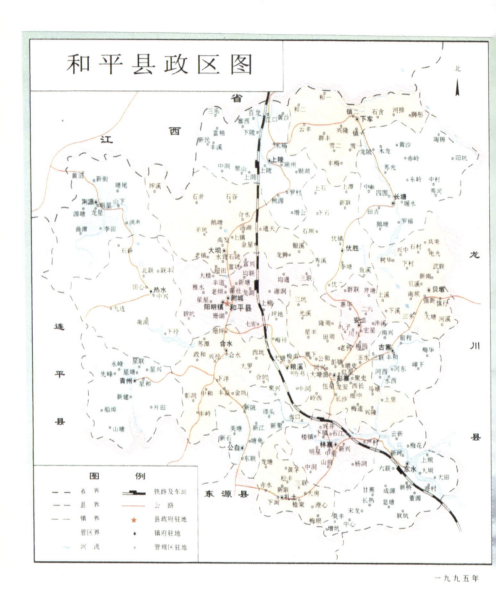

图版Ⅱ 和平县政区图（据《和平县志》，1995）

圖版III 增公村委会 1.村委会新址；2.村委会牌匾

1

2

图版Ⅳ 编著者与村干部 1.编著者合影;2.村干部与两位教授合影

1

2

图版 V　在村委会召开的村干部和各村落代表参加的"村志"定稿会
1. 会议现场；2. 与会者合影

1

2

图版Ⅵ 在和平县城召开的增公籍干部参加的"村志"定稿会
1. 会议现场；2. 与会者合影

1

2

图版Ⅶ 山尾民居 1.矿山头卢姓祖屋；2.矿山头新村（一、卢姓）

3

4

图版Ⅶ（续）3.矿山头新村（二、卢姓）；4.石寨下袁姓祖屋

5

6

图版Ⅶ（续）5. 石寨下袁姓新屋；6. 大圳黄姓祖屋

7

8

图版Ⅶ（续）7.腊竹塘陈姓民居；8.李屋圳袁姓祖屋

图版Ⅷ 上磜居民 1.上磜村景；2.麻竹坑陈姓新屋（上）和王屋王姓新屋（下）

3

4

图版Ⅷ（续） 3.桃坝陈姓祖屋；4.王屋王姓祖屋

5

6

图版Ⅷ（续） 5.龙裕屋陈姓祖屋；6.社前屋陈姓祖屋

图版Ⅷ（续） 7.石垠陈姓新屋

1

2

图版Ⅸ　地朗民居　1.黄姓祖屋；2.黄姓新屋

3

4

图版Ⅸ(续) 3.中心墘陈姓新屋;4.黄姓村民新居

1

2

图版 X 水头民居 1.卢姓祖屋；2.湖洋卢姓新屋

3

4

图版Ⅹ（续） 3.石堆黄姓祖屋；4.卢姓村民新居

1

2

图版 XI 水口民居 1.陈姓祖屋（陈屋老屋，一）；2.陈屋老屋（二）

3

4

图版 XI（续） 3.赤竹圳陈姓新屋；4.陈姓村民新居

5

6

图版Ⅺ（续） 5.榕树下卢姓祖屋；6.榕树下龙裕屋（卢姓）

7

8

图版XI（续） 7.榕树下龙裕屋（侧面观）；8.上寨卢姓民居

9

10

图版XI（续） 9.水勿卢姓祖屋；10.嶂顶卢姓祖屋

1

2

3

图版XII　三位寿星的风采
　　1. 卢文捷（98岁，矿山头）；2. 吴新娣（97岁，湖洋）
　　3. 卢观娣（95岁，陈屋）

1

2

3

图版XIII 三座名山 1.禾笔尖；2.蛤蟆石(嶂)；3.石寨

图版XIV 增公河

图版XV 三座古石拱桥 1.上磜;2.大沙;3.水口

1

2

图版XVI　1.竹林；2.和稻田

图版 XVII　高压电网

1

2

图版XⅧ 名产 1.培养"和平冬菇"的原木场；2.培养木耳的原木场

3

4

图版XVIII（续） 3.猕猴桃；4.百香果（西番莲）